日本の腎移植はどう変わったか

60年代から修復腎移植再開まで

高橋幸春

えにし書房

目次

プロローグ　5
1　名古屋大学医学部　12
2　移植前夜　30
3　移植開始　39
4　拒絶反応　48
5　停滞　59
6　学会　67
7　東海腎バンク　76
8　無脳児　87
9　シクロスポリン　94
10　愛知方式　102

11　臓器移植ネットワーク……110
12　先進医療……116
13　臨床研究……125
14　空白の十年……139
15　渡航移植……151
16　患者の自己決定権……172
17　W移植……186
エピローグ……201

プロローグ

臓器移植法が施行されたのは一九九七年十月十六日のことだった。これによって移植に限って脳死を人間の死と認め、脳死移植の道が開かれた。あれから二十一年の歳月が流れた。しかし、現在でもドナー（臓器提供者）が圧倒的に不足している現実は何も変わってはいない。

臓器提供意思登録数……十四万四千百九十三人
移植希望登録者数……一万三千五百九十五人
脳死提供……六十八人
心肺停止提供……二十九人
移植件数……三百五十八件
（いずれも二〇一八年十二月末現在）

移植希望登録者数のうち最も多いのは腎臓移植で、一万二千百五十八人（二〇一八年十二月末現在）、二〇一八年に移植を受けることができたのはわずかに百八十二人だ。

こうした現実を背景にして、二〇〇五年九月に愛媛県宇和島市で、臓器売買による腎臓移植手術が、宇和島徳洲会病院で行われるという事件が起きた。

慢性腎不全の男性患者の妹ということで生体腎移植が行われたが、ドナーは妹ではなく、内縁の妻の友人だった。しかし、病院側も手術にあたった医師らもその事実には気づいていなかった。ドナー、レシピエント（移植を受ける患者）が巧妙に手を組んでいたからだ。

臓器移植法（臓器の移植に関する法律）はその十一条で臓器売買を禁止している。

宇和島徳洲会病院にも捜査のメスが入り、医師らも警察の取り調べを受けたが、事件とはまったくの無関係だったことが明らかになった。臓器売買事件そのものは売買に関わったレシピエントらが逮捕され、松山地裁宇和島支部判決で収束した。

しかし、日本で最初の臓器売買事件はまったく違った方向へと発展していった。

いずれは明らかにされると判断した宇和島徳洲会病院は、万波誠医師らが行っていた腎臓移植の中に、病気の治療目的で摘出した腎臓を移植に用いたケースが十一例あったことを発表したのだ。

――がんにかかったドナーから提供された臓器を移植に用いるのは絶対に禁忌だ。レシピエントにがんが持ち込まれる可能性が極めて高い。

黎明期の移植医は徹底的にこう教育されてきた。

この禁忌を破って四センチ未満の小径腎がんの腎臓から、がんの部位を取り除いた腎臓、いわゆる修復腎を慢性腎不全の患者に移植し、世界的にも注目を浴びる実績を残していた医師らがいた。宇和島徳洲会病院の万波誠医師と瀬戸内グループと呼ばれた医師たちだ。

瀬戸内グループとは、万波誠医師の弟で岡山協立病院（当時）の万波廉介医師、呉共済病院の光畑直喜医師（当時）、香川労災病院（当時）の西光雄医師らのことで、彼らはチームを組んで移植手術を行っていた。万波誠医師は山口大学医学部出身だが、他の三人は岡山大学医学部の同窓生だ。機会あるごとに集まって情報交換し手術を助け合ってきた仲間だった。

万波誠医師の前勤務病院だった宇和島市立病院時代のものを含めると、万波医師らが行った修復腎移植は四十二件。その内訳は以下の通りだ。

腎臓細胞がん八件、尿管がん八件、血管筋脂肪腫二件、海綿状血管腫一件、腎動脈瘤六件、骨盤腎一件、骨盤部後腹膜慢性炎症一件、腎膿瘍一件、石灰化囊胞一件、尿管狭窄五件、ネフローゼ症候群八件だった。

とりわけがんを患った腎臓の移植は問題視され、厳しい批判、非難にさらされた。当時の日本移植学会の理事長は肝臓移植が専門の田中紘一、副理事長は大島伸一で、大島は腎臓移植が専門だった。大島にマスコミの取材が殺到するのは当然の成り行きだった。

大島伸一は次のような発言を繰り返した。

「移植の倫理以前に、医療として問題が大きすぎる。他人に移植して使えるほど『いい状態』の腎臓を摘出していることがまず医学的におかしい。がんの疑いで摘出した後で良性とわかることはありえるが、それならば本人に戻せばよい」（二〇〇六年十一月二日）

「腫瘍を取り除いて移植したとしても、かなり高い確率で再発する」「移植を受ける患者は免疫抑制剤を使うため免疫機能が低くなり、通常よりがんになりやすい。がんの腎臓を移植するのは常識でもありえないし、医師として許されない」（二〇〇六年十一月四日）

「がんの場合、移植を受けた患者ががんになる可能性があり、絶対にしてはいけない」（二〇〇六年十一月十日）

大島発言の中で、私が最も驚いたのは、「（修復腎移植は）人体実験」だというものだ。また修復腎移植を受けたレシピエントらはなお一層強い衝撃を受けた。

大島のこの証言はテレビＡの取材を受け、その中で出てきたものだ。このニュースが流れたのは二〇〇六年十二月だった。

取材は一時間以上にもわたったが放映されたのはわずか数分だけで、大島の真意を伝えるものではなく、センセーショナルな言葉だけが一部分切り取られて放送された。その日以降、大島はマスコミの取材を受けなくなった。

私が大島に初めて会ったのは二〇一三年九月のことだった。私は彼から「人体実験」という発言に至った経緯を聞いた。大島は一九七〇年名古屋大学医学部を卒業し、社会保険中京病院で腎移植を中心に泌尿器科医として臨床に従事してきた。

一九九七年名古屋大学医学部泌尿器科学講座教授に就任し、二〇〇四年三月から国立長寿医療センター総長に就くまでは移植医として、日本の腎臓移植を牽引してきた一人と言ってもいい。

彼もまたすぐれた移植医として多くの慢性腎不全患者、透析患者を救ってきた。

大島と大島の考えに共鳴した医師たちによって、愛知県独自の腎臓移植システム、いわゆる「愛知方式」が推進され、愛知県が死体腎移植数で全国でトップを占めた時代もあった。しかし、一九九五年日本臓器移植ネットワークが発足すると、大島らが進めてきた「愛知方式」は、日本臓器移植ネットワークの枠組みの中に呑み込まれるような形で終息していった。

日本では死体からの臓器提供は極めて少なく、法律を改正してみたものの、それでも臓器提供は増えてはいない。むしろ減少傾向にある。

大島が初めて腎臓移植を行ったのは一九七三年だった。日本の腎臓移植の黎明期で、彼の歩んできた道を辿ることは、日本の腎臓移植の歴史を探ることにもつながる。

二〇一五年末の透析患者数は三十二万四千九百八十六人、二〇一一年から毎年三万八千人から三万九千人が人工透析治療を受けるようになり、その一方で毎年約三万一千人が亡くなっている。

透析患者の根本的な治療方法は腎臓移植だ。

しかし腎臓移植の平均待機年数は十五年と言われている。この間に多くの患者が亡くなっていく。人工透析を開始した年齢にもよるが、慢性透析患者の五年生存率は六〇%、十年生存率四〇%という厳しい現実がある。

移植医としての大島の話に耳を傾けながら、一向に増えない日本の移植医療の現実を考えてみようと思った。

私は万波医師と瀬戸内グループが推進してきた修復腎移植を支持する。

それは慢性腎不全患者を救う可能性を秘めた医療だと確信するからだ。その修復腎移植を厳しく批判した大島伸一医師を取材してみようと考えたのは、移植学会に所属する医師らには修復腎移植はどのように見えていたのか、それを知りたいと思ったからだ。

後述するが、大島伸一医師も人生を賭して慢性腎不全患者を救うために生きてきた。

それは万波誠医師や瀬戸内グループの医師らも同様だ。何故、両者が「対立」するような事態に至ってしまったのか、それを明らかにすることは、悲惨な移植医療の現実を浮き彫りにし、どう改善すれば臓器提供を増やすことができるのか、その手がかりがつかめるのではないかと考えたからだ。

1　名古屋大学医学部

大島伸一は一九四五年九月七日、つまり終戦から一ヵ月も経過していない満州で生まれた。当然、引揚げの記憶はない。

一家が引き揚げてきたのは愛知県で、父親は県庁の職員だった。

大島が漠然とだが医師になりたいと思うようになったのには理由がある。五歳の頃、ボートに乗っていてケガをした。左手の小指を骨折した。医師の対応がまずかったのは明らかで、小指は第一関節部分から内側に九十度に曲がったままの状態になってしまった。

しかし、このケガが決定的な理由になったわけではない。医師を志すに至ったのは、父親の死が大きく影響している。

中学一年生の時に父親は脳溢血で倒れ亡くなった。まだ五十三歳の若さだった。それから一家の生活は一変した。母親は女手一つで大島と弟を育てなければならなかった。県立の進学校に進んだが、大島の滑り止めは、私立高校ではなく就職試験だった。経済的に恵まれた環境では決してなかった。

「高校時代、農業をやろうか、土木をしようか、医者になろうか迷ったが、最終的には医師としての道を選んだ」

父親の出身地が北海道だった。農業をやるなら北海道大学、土木関係に進むのであれば京都大学、医学なら名古屋大学を目指そうと考えていた。

一見すると、何の脈絡もないが、大島自身にとっては、この三つの進路には共通点がある。

「他人に頭を下げることが少なくてすむ仕事に就きたいと考えていた」

結局、大島が選択したのは医師への道で、一九六四年に名古屋大学医学部に入学した。

一、二年生は教養課程で、医学部に進むのは三年生になってからだ。亡くなった父親は県庁で社会保険に関係する仕事を担当していた。そのために社会保険中京病院の太田裕祥医師（故人）と親交があった。太田医師は名古屋大学を卒業し、当時、泌尿器科医として活躍していた。

父親からは、医師になるなら、太田先生のようになれ、と常々聞かされていた。教養課程を修了し、専攻過程に進んだ。大島は太田先生の元に挨拶に訪れた。太田医師は脊椎カリエスを患ったため身長は一五〇センチほどしかなかった。

しかし、学生時代はバスケット部に所属した。

「身長がないからバスケットをやったんだ」

見た目とは対照的に豪快な性格の持ち主だった。

医師の仕事を続ける一方で、三菱女子バスケットボールチームの監督を務めた。一九六三年には全日本総合選手権で初優勝を達成し、一九六四年には世界選手権にもチームを率いて出場している。

「君が大島さんの倅か」

大島の生活状況を知った太田医師が言った。

「明日から中京病院に来い」

中京病院の病室を改造した職員寮があった。その一室を大島に提供したのだ。大島は翌日にはその職員寮に引っ越し、そこから名古屋大学に通うようになった。寝るところと食べる心配はなくなった。

「三食、入院患者と同じ病院食を食べていた」

それまでに家庭教師の仕事から道路工事まで、ありとあらゆるアルバイトをしてきた。中京病院の寮に入ってからは、病院でカルテの整理などのアルバイトをするようになった。中京病院の寮に入り、名古屋大学医学部を卒業するまでの四年間の生活が、大島の医師としての人生を決定づけたといっても過言ではない。

その頃の大学は学園紛争が勃発し、名古屋大学も例外ではなかった。紛争が続き、教授が決まらずに授業も休講が多く、充実した学生時代を送ってきたというわけではない。その失われた時間を大島は中京病院の臨床現場で学ぶことになる。

学年が上がるにつれて太田医師について、泌尿器科の患者と触れ合う機会が自然と増えていった。

「腎臓病をなんとかしなくては」

太田医師の口癖だった。

一九六〇年代前半、慢性腎不全と診断された患者は一、二週間前後で必ず死亡した。まだこの頃は不治の病だった。老廃物を尿として排泄することができない。摂取した余分な水分は汗として出す以外は体内に蓄積されてしまう。

慢性腎不全が進行し、末期になると、尿毒症、アシドーシス（酸性血症）によって、意識は朦朧とし、目がかすみ、嘔吐と全身けいれんを繰り返す。腎臓病にかかると、酸が体内に蓄積されていく。これらが容赦なく脳に入り込み、意識を混濁させていくのだ。

こうして死んでいく腎不全患者を救う一つの治療法が人工透析治療（血液透析）だった。日本に人工透析治療法が導入されたのは一九六〇年代半ばからだ。

腎不全に陥った患者は透析を受けなければならない。腎臓とは、腰のあたり、脊柱の左右に一個ずつあるにぎりこぶし大のそら豆形の臓器だ。腎臓の役割は血圧の調整、ホルモンの活性化、塩基バランスの調整などのたくさんの機能がある。最も大切なのは体内の老廃物及び水分の排泄だ。

この大切な役割を担っている腎臓が腎炎、糖尿病などで障害を受けると、その機能が失われていき、最後には正常な日常生活が営めなくなる腎不全となる。腎不全の最終段階では、尿が出なくなり、体内の老廃物やミネラルが排泄できないためやがて死に至る。

人工透析とは、排泄機能を失った腎臓のかわりに体外のろ過装置を用いて血液を浄化する治療法だ。

体の血管に二本の注射針をさして、その一本から血液をろ過装置に導き、ろ過器で血液の汚れをこし取って、きれいになった血液をまた、もう一本の導管から体内に戻すのだ。これを週三回、一回三、四時間続けて、生命を維持する。

この治療法の問題点は、血液のろ過といっても腎臓が休む間もなく常時働き続けているのに対し、透析では週に十数時間程度しか働かないことだ。しかも再吸収を行う腎臓と違い、ろ過は、いわばふるいにかけるだけで、質的にも機能が異なっている。

こうした理由で、透析患者の血液は健康な人の何倍も濁っているといえる。

また、透析は、腎臓が常時働いて恒常性（安定した状態）を維持しているのに対し、二、三日分の汚れと水分を短時間で排泄する。一時的に体の恒常性が崩れ、これを調整するため、体のエネルギーを大量に消耗する。

　これらの不具合のため、透析患者は健常者の二倍のスピードで年を取るともいわれている。また、透析患者によって症状は様々だが、全身に症状が出る。

　血圧低下あるいは高血圧、むくみ、だるさ、関節痛、動脈硬化、頭痛、頭重、不眠、骨粗しょう症、そしてこうした症状の延長として、脳出血や心不全、がんなどで死亡することが多くなる。一方、透析療法でも比較的体調を維持でき、それほどの苦痛もなく生活している人もいる。

　人工透析治療が導入された頃は、慢性腎不全の全患者が受けられた治療法ではなかった。導入された当初は保険適用もなく、治療費すべてが患者の自己負担だった。経済的余裕のない慢性腎不全患者は、尿毒症に陥り、死んでいくしかなかった。

　人工透析治療が保険適用になったのは一九六七年だが、それでも医療費は極めて高額なものになった。

　腎臓病患者の患者会組織「全国腎臓病協議会」のＨＰには、こう述べられている。

「日本で人工透析治療が導入されたのは一九六〇年代後半で、一九六七年に血液透析が健康保険の適用となりました。とはいえ、今のように自己負担がまったくない患者は社会保険の本人だけで、当時の健康保険制度では社会保険の家族は五割の自己負担、国民健康保険は三割の自己負担があり、その額は一ヵ月に十万〜三十万円にのぼりました」

一九六七年のサラリーマンの月給は三万六千二百円、一九六八年の大学卒の初任給が三万六百円という厚労省の統計がある。こうしたことを考えれば、人工透析を受けられる患者は限られていた。

人工透析治療が、慢性腎不全患者の命を救える治療法だとしても、患者やその家族にとって経済的な負担がどれほど過酷なものだったか、想像に難くない。一九六九年当時、透析患者は全国で三百八十人という数字もある。このくらいの数の患者しか受けられない医療だった。

名古屋大学在学中に、大島は太田医師の診察に機会があれば同行した。その四年間は臨床研修医としての生活にも似ていた。患者と接触し、本を読みあさり、臨床医から直接学んだ。

「臨床現場で勉強してきた。今だったら問題になるかもしれないが、当時はそういうことが当たり前に行われていた時代だった」

太田は泌尿器科医だった。当然腎不全の患者と接する機会が多くなる。

「家族の中に透析患者が一人出ると、経済的な負担は大変なもので、田畑を売り、すべての財産を処分し治療費に充てた」

しかし、人工透析治療を受けたとしても、腎不全が解消されるわけではない。四時間もの透析治療を受けても、一時的に血液が浄化されるだけだ。一日おきに人工透析を受けなければならない。生き続けるためには、当時の慢性腎不全患者は途方もない治療費を支払うしかなかったのだ。

その治療費がないものは発症から一、二週間後に死亡した。人工透析治療を受けた患者は、その間は生きられる。

愛知県でも先駆的な病院が人工透析器を導入していた。中京病院もその一つだった。透析器はコルフ型、キール型などがあった。中京病院はキール型を導入した。

一九六八年にアメリカンコマーシャル社の透析器が中京病院に導入され、治療が開始された。

「キール型というのは洗濯板のようなプラスチックの板にセロハンを張る。そのセロハン膜を通して血液の老廃物を除去する。そういう構造だった。私はそのセロハン張りをよくやっていました」

人工透析は、腎臓が機能しなくなったと判断した時から開始した。急性腎不全なら一時的に透析をし、腎機能が回復すれば、人工透析治療を止めても以前の生活に戻れる。しかし、慢性腎不全の患者は透析を始めたら、死亡するまで継続しなければならない。

中断すれば、患者は確実に死ぬ。しかし、当時の人工透析治療は金が湯水のように消えていく治療法でもあった。

太田医師に同行し、大島は腎不全患者とその家族とのやりとりを当然目にすることになる。

耳を塞いでも、患者と家族とのやりとりが聞こえてきてしまう。

「もう金が続かない」

患者を囲む家族は悲痛な表情を浮かべている。その会話はやがていつ透析を中止するのかという内容に変わっていく。

「家を手放した」

「田畑を売った」

その金で患者は生き延びた。そして最後はすべての財産を売却し、何もかもが治療費に充てられる。

金に換えられるものはすべて売却し、資産がある家族でも最後には万策尽きてしまう。

「諦めてくれ」

家族は患者にこう告げるしかないのだ。

患者本人も生きることで家族や周囲にどれほどの負担をかけているか、十分にわかっている。黙ってそれを受け容れるしかない。

患者も家族も、医師に告げる。

「人工透析治療を止めてください」

それを告げられた医師も、患者がどうなるか十分わかった上で、人工透析治療を停止せざるをえない。

「目の前のベッドに身を横たえる患者は、一週間か二週間すれば必ず死亡する。それがわかっていても、治療を中止しなければならない」

治療費が得られないのを知って、透析治療を継続すれば、待っているのは病院の経営危機であり、倒産なのだ。

「金の切れ目が命の切れ目だという、どうしようもない現実を目の前で見てしまう」

この頃、大島はまだ二十二、三歳だった。

「こんなバカなことがあるかって、それは思いますよ。助けられる手段があるのに、命が失われていく」

本来なら一日おいて二日目には透析を受けなければならない。しかし、透析を受けなければ日に日に病状は悪化していく。皮膚は土色に変わり、尿毒症が進んでいく。

錯乱状態に陥る患者も珍しくはない。

意味不明の言葉を大声で叫ぶ患者もいれば、「大島先生ー」と病棟中に響く声で、大島を呼ぶ患者もいた。

助けを求めたのか、突然、抱きついてきた女性患者もいた。そしてどの患者も、一、二週間で死んでいった。

臨床医の使命は患者の病を治療し、命を救うことだ。その時の最高の医療技術を用い、医師が最善を尽くしても救えない命はある。それならば患者も、そして家族も納得してくれるだろう。

しかし、腎不全患者には人工透析治療という治療方法がある。それには法外な治療費を必要とする。患者を抱える家族は例外なく、治療費の工面に奔走し、サラ金、いや闇金の取り立てを受けるような状態に、瞬く間に追い込まれる。やがて疲弊しきって治療を諦めるようになる。

患者が大人であれば、家族の献身的な協力を理解し、人工透析治療の中止を受容することは可能かもしれない。

「大人の透析患者でさえ悲惨極まりない。子供の透析患者はなおさらのことです」

子供であっても腎不全を発症すれば、透析治療を受けなければ死亡する。当時の人工透析器では五、六時間、寝た切りになり身動きが取れなくなる。大人でさえ苦痛なのに、子供ならなおさらのことだ。

子供の腎不全患者に人工透析治療を施せば、その時点で成長は止まってしまう。成長ホルモンや成長に必要なミネラルまで透析で排除されてしまう。しかし、生きてはいける。親は一日でも長く生きてほしいとそれだけを願っている。

この治療に耐えて子供は必死に生きようとする。親の経済力にもやがて限界が訪れる。

親は自分の子供が弱り、やがて死んでいく姿をベッドの横で見ているしか術はない。

家族の悲鳴、親の泣き声を、当時の医師たちは耳を塞ぎ、人工透析治療を中止せざるをえなかった。

大島はまだ医学部で学ぶ学生だった。

「山ほどこうした例を見て、こんな残酷なことがあっていいはずがないと思いました。これを救うのが医師の仕事ではないか」

怒り、絶望、焦燥、諦め、説明しようのない感情が心の中で攪拌され、自分でも律しようない状況へと追い込まれた。

――医師が救える命を救わないで患者を見捨てる。

「この事態に誰が責任を取るのか」

慢性腎不全の患者を救う手立ては人工透析治療だが、その医療費は患者とその家族の生活を崩壊させてしまうほど高額だった。

開発途上国では今でも、当時の日本と同じ状況が展開されている。インド、パキスタンでは、治療費が捻出できない貧困層には、回復見込みのある急性腎不全の患者にしか、透析治療は施されていない。

高額な医療費のために人工透析治療が受けられないのなら、貧しい患者は死ぬしかない。それが六〇年代の日本の腎不全患者の現実だった。

その悲惨な現実に、大島が一筋の光明を見出したのが、腎臓移植だった。

「移植なら、提供してくれる腎臓があれば、慢性腎不全患者を救えるのではないか」

腎臓移植も人工透析治療と同じように注目されていた。しかし、当時はまだ世界各国が移植手術の確立を目指して呻吟していた時代だった。


万波誠医師が宇和島市立病院に勤務していた頃の院長でもあり、『日本の腎臓病患者に夜明けを――透析ガラパゴス島からの脱出――』（創風社出版）の著者でもある近藤俊文はその著書の中で、移植の歴史を記している。要約すると以下のような内容になる。


腎臓移植を最初に行った医師は、ソ連の外科医U・U・ヴォロノイとされている。一九三三年に、昇汞（塩化第二水銀）を飲み二十六歳の女性が自殺を試みた。昇汞を一千〜五千倍に薄めた水溶液は、殺菌、消毒に用いられる。急性腎不全を起こした女性の右足の太腿上部に、死亡した六十歳男性の腎臓を移植した。レシピエントとドナー、血液型が異なり、この移植は当然失敗に終わった。

さらに一九五〇年、六人の死体腎移植を報告しているが、いずれも失敗している。

一九四七年、アメリカのボストンにあるピーター・ベント・ブリガム病院で、ジョージ・ソーンとディヴッド・ヒュームのグループは、急性腎不全に陥った女性の腕に死体腎を移植した。

昇汞は消毒だけではなく、当時は堕胎のためにも使用され、堕胎術の失敗によって急性腎不全を引き起こしたのだ。移植した腎臓は数日間しか機能しなかったが、女性は一命を取り留め、最初の腎臓移植の成功例とされている。

一九五〇年、シカゴのリチャード・ローラーが肝不全で死亡した患者の腎臓を嚢胞腎の患者に移植した。移植した腎臓は数ヵ月間生着した。しかし、患者はその後も数年間生存した。この移植によって慢性腎不全の患者を救えると思われ、移植に拍車がかかった。しかし、移植に成功したのではなく、嚢胞腎に腎臓機能が残されていたと今では考えられている。

一九五一年、マサチューセッツ・スプリングフィールドのジェームス・スコラ外科医は、下部尿管がんで摘出した腎臓を、慢性腎不全の患者に移植した。病気治療目的のために摘出、廃棄される腎臓を移植したのだ。

日本で最初の腎臓移植は、一九五六年に実施された。昇汞を飲み、服毒自殺をはかり急性腎不全に陥った患者に、突発性腎出血の患者の腎臓を移植した。

前述のピーター・ベント・ブリガム病院で、一九五一〜五三年にかけて九例の腎移植が報告されている。

死体腎、あるいは治療目的で摘出された腎臓の移植ではなく、生体腎移植は一九五二年、フランス、パリのネッカー病院で行われた。転落事故で腎臓からの出血が止まらない大工に、母親の腎臓を摘出し、移植が行われた。しかし、急性拒絶反応で移植二十二日後に死亡した。

一九五〇年代は、HLA(ヒト白血球抗原)の知識も不十分で、また免疫抑制の術もなく、腎臓移植は惨憺たる有様だった。腎臓移植は治療とはほど遠いものだった。

レシピエントの体内に移植臓器が入ると、体内では移植臓器を異物と認識し、攻撃し、排除しようとするシステムが作動する。これが免疫反応で、移植臓器だけではなく、ウィルスなどの侵入に対しても反応し、人間の体はこの免疫システムによって健康が維持される。

移植臓器に対する免疫反応は、拒絶反応と呼ばれ、臓器移植はこの拒絶反応をいかにコントロールするかの闘いでもあった。

臓器移植は悲惨な状態が続いていたが、その一方で、一九五四年、ピーター・ベント・ブリガム病院のジョセフ・E・マリーは、一卵性双生児間の生体腎移植を行い、移植に成功した。これ以後七〇年代にかけて、世界で三十五例の一卵性双生児間の腎移植が行われ、極めて高い成功率を収めた。

一卵性双生児間の移植は、拒絶反応が起こらないことが成功の理由と考えられた。その結果、移植による拒絶反応をコントロールできれば、腎臓移植は慢性腎不全の治療として成立するのではと、再び考えられるようになった。

大島は何人もの患者が経済的な理由で人工透析治療を諦め、そしてやがて死んでいく姿を目のあたりにして、移植医を志すことになる。

移植医としての道を歩もうと大島が決意した頃、日本の医療界を震撼させる「事件」が起きた。

一九六八年八月、札幌医科大学の和田寿郎医師によって心臓移植手術が行われた。世界最初の心臓移植は一九六七年十二月、つまり和田移植の八ヵ月前に、南アフリカの国立グルート・スキュール病院で行われた。レシピエントは術後十八日目に死亡した。

南アフリカの心臓移植から三日後、アメリカでも心臓移植手術が行われた。無脳児のドナーから心臓を摘出し、生後九ヵ月の乳児に移植が行われた。レシピエントは六時間半しか生きられなかった。

無脳児は、脳幹はあるが、大脳全部、あるいは一部がない状態の胎児で、出産直後は呼吸もし、心臓も動いているが数日内に必ず死亡する。当時は延命措置をしないのが通常だった。

世界初の心臓移植手術から、先を争うかのように心臓移植が次々に行われ、近藤俊文医師は前掲書で次のように述べている。

「その後の十五ヵ月の間に、競うように十八ヵ国で百十八件の心臓移植が行われたが、その成績は惨憺たるものだった。六九年八月までには、百四十六人の心臓移植が行われたが、いたずらに屍体を重ねるばかりだった。六八年に執刀された最初の百例の三分の二は、三ヵ月以内に死亡していた始末で、世間の目はきびしくなって、世界の心臓移植協奏曲は一、二年で終演となった」

札幌医科大学の和田移植は世界で三十番目の心臓移植手術だった。レシピエントはやはり八十三日後に死亡した。

移植医が殺人罪で告発されるケースが世界中で相次いだ。日本も例外ではなかった。

この頃、まだ「脳死」という考え方が市民権を得ていたわけではない。訴訟は、ドナーから心臓が摘出された時、ドナーはまだ生きていたのではないかという点が争点にされた。「脳死」が人間の死なのかどうかが裁判で争われた。

一九六八年十二月、大阪の漢方医が和田医師を、殺人罪、業務上過失致死、死体損壊罪で刑事告発した。

しかし、一九七〇年、最高検察庁は証拠不十分を理由に不起訴処分とした。

日本医学学会、日本医師会は和田移植について沈黙し、和田医師が移植を発表した日本胸部学会は、七一年の理事会で、心臓移植について討論は学会の方針として取り上げないと決定した。

和田心臓移植についての評価を医師集団が沈黙したことは、その後の移植医療の進展には大きな影響を及ぼすことになる。〈臓器移植は生きた人間から臓器を摘出するのでは〉という不信感が広がり、移植医療の理解を妨げる大きな要因になった。

和田移植への評価を医師集団が放棄したことによって、日本の移植医療は世界から三十年遅れたとさえいわれる。

大島はこうした逆風の中で、一九七〇年名古屋大学を卒業し、社会保険中京病院の医師として着任することになる。

2　移植前夜

名古屋大学は紛争の真っ最中だったが、大島が学生運動にのめり込むことはなかった。のめり込めなかった。

「右翼も左翼も国民のため、大衆のためにとはいう。でも、そのイデオロギーにはついていけないと思った」

熱く語る彼らの話に耳を傾けても理解できないことばかりだった。

大島にとって救うべき対象は、イデオロギーの世界に存在する抽象的な「大衆」や「労働者階級」などではなかった。

目の前にいる患者こそが、大島が取り組み、救済すべき人たちだった。救う手段はあるのに、経済的な理由で医療を受けられずに死亡していった慢性腎不全の患者たちだった。

「中京病院での四年間は、今で言う臨床研修をしていたみたいなものです。患者と接触し、本を読みあさり、臨床医から直接わからないことを聞いて勉強してきた」

一九七〇年に卒業したが、その年には国家試験に合格し、医師免許を取得していた。

「他の同期の医師から比べれば、中京病院での体験は自信につながっていた」

大島は若くして死んだ父のことが脳裏から消えなかった。医師になってからの人生を十年単位で考えていた。最初の十年は医学を徹底的に学び、次の十年でその技術を最大限に活用して患者に奉仕する。そして最後の十年は自分が得た医療技術を後輩たちに伝える。そう考えて、医師の一歩を踏み出した。

「移植医になる」

心の中でそう叫んでみたものの、周囲には移植を進めている医師は誰一人としていなかった。

恩師でもある太田医師に伝えると、

「移植医になりたいのか。わかった、やってみろ」

と二つ返事で承諾してくれた。

しかし、移植を進めるには大島の他にも医師は必要になるし、移植技術も習得しなければならない。環境も整える必要がある。

「当時の中京病院には何もなかった。移植をやりたいという医師も、私一人しかいなかった。協力してくれる仲間なんて誰一人いなかった」

太田医師が中京病院の院長になり、環境整備に関しては協力が得られた。まず動物実験室の別棟を建設してもらった。

愛知県の野犬をそこに集めた。犬の腎臓は小さく、動脈、静脈、そして尿管も人間のものと比較すれば細くて薄い。犬を使っての自家腎移植、二匹を用いた移植、大島は来る日のために、移植技術を磨いた。移植のための準備を着々と進めた。

しかし、移植をやりたいと大学を卒業したばかりの医師が言ったところで、相手にされるわけもなかった。

大島は中京病院の泌尿器科の医師だった。移植科があるわけでもなく、普段は泌尿器科の医師として患者の診察、治療にあたる。

「医師としてやりたいことをやるためには何をしたらいいのか。最も基本的なことは、採算性を確保することだと思った」

病院に迷惑をかけるばかりでは必ず限界がくる。当時の泌尿器科に割り当てられていた病床は七床程度だった。朝から晩まで、患者の診察、治療に没頭した。

大学を卒業した年に、中学校の同級生と結婚している。しかし、帰宅できるのは週に二、三日。あとは病院に泊まる日々だった。診察を受けに来る患者が増え、必然的に病床も増えていった。

周囲に移植医療を志す医師もいなかった。病院の研修医に後輩を推薦し、移植に関心を持ちそうな者を懸命に説得した。

「俺と一緒に、移植医療の道を切り開いていこう」

移植手術を行うには二チームが必要になる。ドナーから臓器を摘出するグループと、レシピエントに移植するチームで、最低でも医師はそれぞれのチームに三人が必要になる。

「名古屋大学を卒業する医師を一人ずつ中京病院に引っ張ってきました」

しかし、外科医が手術を経験し、一人前の外科医として自立するには最低でも五、六年はかかるといわれている。一九七〇年代、移植は先進医療の代名詞でもあり、最先端の医療であり、未知の領域だった。犬を使っての動物実験にいくら成功しても、それが人間の移植手術にそのまま通用するはずがない。

腎臓移植手術を行ったという大病院、大学附属病院の情報を得ると、大島はそこを訪ねた。

「私に移植を教えてください」

周囲の医師や看護師など、移植医療について詳しく知らない医療関係者は、快く「手伝う」と言ってくれた。しかし、移植医療についての知識のある者は、まったく逆だった。

「大島は何を言っているんだ」

日本でも移植医療は開始されたばかりだった。

一年、二年、無給でもいいから学ばせてくれと言うならまだ話の筋が通っている。しかし、中京病院に来て教えてくれと言っても、それを本気にする医師がいるはずもなかった。しかもスタッフは大島が筆頭で、残りも大学を卒業し、医師免許を取得したばかりの若手医師ばかりだった。

医師や教授たちは、大島の話に耳を傾けてくれた。

「機会があれば、ぜひ手術を見てみなさい」

と答えてはくれたものの、その後返事はいっさいなかった。

当時、最も進んでいたアメリカに留学し、そこで移植を学んできた医師だけが、日本では移植手術を行っていたのだ。外科手術の経験も積み、留学で学んできた四十代の医師がほとんどだった。

しばらくすると妙な評判が大島の耳に届いた。

〈名古屋大学を卒業したばかりの大島とかいう医師が、移植をやりたいといってきたぞ。どうかしているのと違うか〉

最初から適当にあしらわれ、奇人、変人扱いされ、相手は端から大島の言うことなど本気にしていなかったのだ。

大島が当時を振り返る。

「いま同じように大学を卒業したばかりの医師が、移植を教えてくれと私のところに来ても、見学するのはかまわないが、臨床経験をある程度積んでからでないと教えられないと答えると思う」

当時の大島は一日も早く移植技術を学びたいとそれしか眼中にはなかった。

「腎移植五十例を最初の目標にかかげました」

一九六〇年代から一九七〇年までに、日本国内で実施された腎臓移植は、生体腎移植が百三十七例、心停止下の献腎移植が三十七例だった。

七一年　生体腎移植三十八例、献腎移植四例。

七二年　〃　三十七例、〃　四例。

当時の移植数はこの程度しかなかった。また一九七〇年までの一年生着率は五〇～六〇％、五年生着率は一二％で、移植は医療としてはまだ確立されていなかった。

多くのレシピエントが移植した腎臓が廃絶したり拒絶反応を起こしたりして、あるいは合併症で死亡するケースが相次いだ。

中京病院に勤務して二年目。大島は太田医師に、「アメリカで移植手術を見てきたい」と直訴した。

太田医師は大島の申し出を快諾してくれた。当時、アメリカで腎臓移植を推進していたクリーブランドクリニックに三ヵ月の短期留学が認められた。

一九七二年五月、大島はアメリカに向かった。病院の前にあるモーテルに宿泊した。短い期間だが、可能な限り移植技術を学ぼうと、意気込んでアメリカに渡った。クリーブランドクリニックはアメリカでも有数の病院で、心臓、肝臓、そして腎臓移植においても高い評価を得ている病院だった。

アメリカの移植は、当時から今日まで、死体から提供された臓器移植が主流だ。

「移植がある時は何例も続くし、ない時はパッタリとなくなってしまう」

移植手術が行われるというまでは、ホテルに待機しているか図書館に足を運び、アメリカの移植の動向や、免疫療法に関連する論文を読みあさった。

病院から移植があるという連絡を受け取ると、日中であろうと深夜であろうと、病院にかけつけた。一瞬たりとも見逃すまいと、摘出、移植の様子を頭に叩き込んだ。

滞在中に行われた腎臓移植手術をすべて見た。

「それほど難しそうな手術には見えなかった。これなら私でもできると思ってしまった、その時は」

大島は三ヵ月の留学で、まだ一例も移植を行っていなかったが、「自分にもできる」と確信を持った。

留学を終えて日本に戻る時、大島にはどうしても会っておきたい名古屋大学の五年先輩がデンバーにいた。コロラド大学で、トーマス・スターズル医師のもとで移植を学んだ岩月舜三郎医師（ピッツバーグ大学外科教授・故人）だ。岩月はすでに肝臓移植、腎臓移植の経験を豊富に持っていた。

「日本に戻ったら、移植を私に教えてください」

と大島は懇願した。

岩月は大島の依頼を快諾してくれた。

中京病院に戻った大島は、岩月の帰国に合わせて、中京病院の環境整備に全力を注いだ。当時、移植は最先端医療で、大学病院か、あるいはそれに匹敵する設備と医療スタッフが揃った大病院でしか行えない手術だった。

大学病院と比較すれば、中京病院は規模もそれほど大きくはなく、社会保険病院の一つであり、移植を行えるとは誰も思っていなかった。しかし、大島は七一年、七二年、七三年卒業の若手医師を一人ひとり説得し、中京病院へと呼び寄せ、同志を募り着々と態勢を整えた。

「君は俺と一緒に移植をやるために、医者になったんだ。だから俺と一緒に移植をやろう。中京病院に来いと説得したというか、強引に引きずり込み、仲間を集めていきました」

しかし、名古屋大学医学部の医局は、そんな大島には冷たい視線を投げかけていた。それは名古屋大学医学部の医局だけではなく、移植を進めていた当時の医師も同じだった。

「卒業したばかりの若手医師グループが移植をするといっても、誰からも相手にされなかったし、できるわけがないと周囲は皆そう思っていた」

当時の大島には移植の技術も経験もなく、ただ慢性腎不全の患者を救いたいという情熱しかなかった。岩月医師の帰国に合わせて、移植までのスケジュールを立案した。

「どうやったら移植が実現できるのか、自分なりに計画を立てた。最初は本当に何もないところからの出発でした」

一九七三年、岩月医師が日本に戻った。

大島が腎臓移植一例目を始めるのは、その年の九月のことだった。

3　移植開始

一九七三年九月四日、中京病院で初めての腎臓移植手術が行われた。岩月舜三郎をリーダーにして、大島を中心にした名古屋大学を卒業したばかりの若き医師がその移植手術に加わった。

岩月はその二日後の六日にも、さらに移植手術を行うようにスケジュールを組んだ。

「二例やれば二つともダメということはない。仮に一つがうまくいかなくても、一つは大丈夫だろうと、そんな考えが岩月医師にあったと思います」

大島は手術の何日も前から、手術器具のチェック、手術の段取りのシミュレーションを何度も繰り返し、病棟の手配をした。

「四日は朝五時に起きて、六時前には病院に着いていました。手術前にドナー、レシピエントを回診し、手術室へ行って手術器具、機材の準備が万全であるかを確かめ、それが終わったら再びドナー、レシピエントの病室を訪ねた」

前日も同じことを何度も繰り返していた。準備は万全で、何も変わったことなど起きていない。

「何も問題はないことを確かめているだけで、何かをしていないと、不安でいてもたってもいられなかった」

一例目の手術は母親がドナーで、レシピエントはその子供で成人男子だった。

二例目も母親がドナー、レシピエントは中学生の男子だった。六歳以上なら、成人の腎臓を移植しても問題はないとされていた。

一例目は午前八時三十分に開始された。

ドナーから腎臓が摘出される。側腹部に三十センチほど斜めにメスが入れられ、開腹すると腎臓が、それを覆う膜から慎重に剥離され、尿管が切断される。

腎臓から伸びてくる尿管の片方は、腹部の外に出される。尿管の切断部分からは、まるで霧吹きのように尿は霧状になって排出される。

尿管の次に動脈、静脈の順番で切断されるが、レシピエントの手術の状況をみて、ドナーの腎臓が最終的には摘出されるのだ。摘出された腎臓はその場で、レシピエントの手術室に運ばれ、移植される。

摘出された腎臓は、腸骨窩に置かれ、血管、尿管を吻合する。移植された腎臓は血流を再開するのと同時に、赤みを帯び、尿を作り出す。

手術が問題なく進めば、尿は尿管を通って膀胱に運ばれる。尿道口から膀胱に尿道カテーテルが挿入され、そのカテーテルを通じて、レシピエントのベッドの横に備え付けられた畜尿袋に貯められていく。

大島は医師になって四年目だった。犬の移植実験は何度も繰り返してきた。ドナーからの摘出を大島が担当し、移植は岩月医師が担当した。

「日本の中でも最先端の医療をやった。それはものすごいプレッシャーでした」

なんとか手術を終えて、レシピエントの畜尿袋に目をやった。大島はその尿を計測しながら、レシピエントの術後管理にあたった。移植直後から腎臓は機能し、尿を排出していた。しかし、時間を追うごとにその量が減り始めたのだ。

「ずっとレシピエントのベッドの横にいて尿の量を観察していた。最初はうまいこと出ていたのが、夜中の二時か三時くらいから、次第に尿量が少なくなっていった。明け方近くになるとほんのわずかな量の尿しか出なくなり、翌日午前九時以降はまったく出なくなってしまった」

それは腎臓が本来の機能を果たさなくなってしまったことを意味している。

その日は一睡もしていない。そのまま通常の泌尿器科の医師として外来患者の診察、治療にあたった。その間にも、合間を見ては、レシピエントの病棟に何度も足を運び、様子を診察した。

「なんとか尿が出るようになるのではと思われる治療を施したが、一向に尿が出てこない。改善は見られなかった」

　スタッフに不安がよぎる。しかし、その不安を顔に出すことなどできるはずがない。ドナーもレシピエントも、大島らを信じ切っているのだ。

「どういうことなんだと、岩月医師に聞いてもよくわからないという。皆で頭をかかえた。何をやっても尿が出てくれない。どうするかと悩んだが、結局わからない」

　岩月医師は、アメリカで死体腎移植の経験は豊富にあっても、生体腎移植はそれほど多くはなかった。

　五日夜、手術に技術的な問題があるのか、再びレシピエントの腹部を開腹して、確認してみようということになった。大島らは夜の八時過ぎに手術室に入った。

　吻合部分からの出血も尿漏れもない。手術そのものは成功している。

　レシピエントは再び病棟に戻され、大島はその晩もレシピエントに付き添って、術後管理にあたりながら六日の朝を迎えた。二日続けての徹夜だった。大島だけではなく他のスタッフすべてが二日続けて一睡もしていない状態だった。

　二例目の中学生への移植も予定通り行われた。

　午前八時三十分に開始し、この日も手術が終わったのは午後五時だった。大島らは二人のレシピエントの術後管理にあたった。

三日目も徹夜になった。

祈るような気持ちで、中学生の体内に移植された母親の腎臓が、機能してくれることを期待した。

この中学生レシピエントにも「まさか」と思っていたことが始まった。

七日朝午前八時過ぎから尿が減り始めたのだ。昼にはこのケースも尿が完全に止まってしまった。

最初のレシピエントと二例目の中学生、二人の術後管理でスタッフには睡眠を取る余裕などなかった。

七日夜、この時も中学生に対して再び開腹手術を行い、技術的な問題が生じているのか、直接確かめてみるという方法が取られた。

四日間の間にレシピエントに対する手術四回、ドナーからの腎臓摘出二回で、睡眠はほとんど取っていなかった。

「七日夜のレシピエントの開腹手術は、立ったまま寝てしまう医師も出てきて、お互いに蹴飛ばしあいながら、手術を進めるような状態に陥った」

手術の結果、中学生の移植も技術的には何の問題も発生していなかった。

手術を終えた時、医師の一人が手術室の床に、大きな音とともにそのまま倒れ込んでしまった。

「起こそうとしたら、ものすごいいびきをかいて眠っていました」

結局、レシピエント二人には透析治療が行われた。

九月七日は大島の誕生日だった。病院の近くのアパートで暮らしていた。着替えを取りに行っただけで、すぐに病院に戻らなければならなかった。

そして大島にはつらい四日目の徹夜となった。

「それが移植のスタートだった。われながら、どえらいことを始めてしまったと、その時に実感しました」

二人のレシピエントからは尿が相変わらず出なかった。

周囲は大島らの移植を評価し、激励してくれる関係者も多くいた。しかし、このまま尿が出なければ、移植は失敗を意味する。

「精神的には限界で、ほとんどの人が自分に冷たい視線を投げつけてくるように感じられて、針のむしろに座らされた心境だった」

大島は当時を振り返りながらこう語る。しかし、本当の針のむしろはそんなものではないことを、その後に大島は思い知らされる羽目になる。

ドナー、レシピエントに不安な様子を医師が見せるわけにはいかない。大丈夫だとレシピエントに言う前に、自分に「大丈夫だ」と言い聞かせてから、病棟に行かなければならないほど大島は追いつめられていた。

　レシピエントに移植された腎臓は一向に機能してくれなかった。一日が経ち、二日経っても尿を出してはくれなかった。一週間が経過し十日経っても、畜尿袋に尿が溜まらない。二例移植を行えば、最悪でも一例は成功するという思惑で臨んだ移植だが、最悪二例とも失敗を覚悟しなければならない事態へと大島は追い込まれた。

　何としても慢性腎不全の患者を救いたいという使命感に燃えていた。気負いもあり、その一方で不安もあった。張りつめた緊張感で、一日いや一時間一時間を過ごしていた。日曜日も祭日もない。移植手術が行われた日以降、自宅に戻ってくつろいだ日などなかった。病院に寝泊まりし、レシピエントの術後管理にあたる日々だった。

　しかし、患者のために献身的に、情熱をもち、最大限の努力を尽したとしても、だからといって望んでいる結果が出せるとは限らない。それが医療の世界だ。そんなことは十分にわかっているが、厳しい現実を突きつけられた。

　このままレシピエントには透析治療を続けるしかないのか。そんな思いがよぎり始めた頃だった。

　畜尿袋に尿が溜まり出したのだ。一例目、二例目も申し合わせたように、移植から二週間後に腎臓が尿を作り出したのだ。それでも不安は払拭しきれない。再び腎臓機能が停止したらどうなるのか。

しかし、時間を追うごとに畜尿袋には尿が溜まり、袋が膨らんでいく。

「それはもうホッとしました」

小便が出なかった原因はすぐにはつかめなかった。その理由を明確にできたのはしばらく経ってからのことだった。

「急性尿細管壊死で尿が出なくなった。私たちの施設だけではなく、移植を実施した日本の各病院で起きていたことだった」

腎臓の一部である尿細管の細胞が壊れ、腎臓の働きが悪くなる。原因の一つに脱水状態が挙げられる。

慢性腎不全患者は、腎臓に負担がかかるからと透析で水分を除去していた。水分の除去が過度になり、脱水状態のところに腎臓が移植される。そのことによって腎臓の尿細管壊死が起きていたのだ。

「尿細管は再生機能が強いものだから必ず再生する。それで壊死した尿細管が再生するのに二、三週間くらいの時間が必要だった」

こうした基本的な事実も、実は移植の臨床例を積み重ねることによって明らかになってきたことだ。移植が行われた六〇年代後半~七〇年代にかけてはまだはっきりと解明されていなかったのだ。

　二人のドナーも順調に回復し、二人のレシピエントも紆余曲折はあったものの、移植された腎臓は順調に尿を作り出した。後はレシピエントの術後管理を徹底することだった。二人のレシピエントも中京病院を退院し、通常の生活を送れるまでに回復した。

　大島たちは次の移植手術に挑戦することを決意した。

「移植をやろうと決意した時から、第一段階はまず五十例の移植をやると目標にかかげていました」

　岩月医師から移植術のすべてを学びたいという思いも強かった。

　大島は移植に取りつかれたかのように三例目に挑戦した。

4　拒絶反応

母一人子一人の家族だった。母親がドナーで、三十代の息子がレシピエントだった。手術はいつものスタッフで岩月医師も、レシピエントを担当した。移植三例目だが、緊張感は前二回と何も変わらない。

移植手術は何の問題もなく順調に進められ、ドナーにもレシピエントにも外科的な問題は何もなかった。

腎臓移植は手術そのものの難易度が高い。血管吻合には高度な技術が要求される。人工透析を長期間受けている患者は、動脈硬化が進んでいて、腎臓を移植する動脈がボロボロになっていることが少なくない。

長期間、腎臓が尿を作っていなかったために膀胱はピンポン玉ほどに萎縮している。その膀胱に移植した腎臓から伸びる尿管をつながなければならない。

こうしたリスクを克服して移植は進められ、三例目も移植術自体は問題なく終了した。

次は術後のレシピエントの管理が大切になる。移植臓器に対してレシピエントの体内では免疫拒絶反応が起きる。拒絶反応には急性拒絶反応と慢性拒絶反応がある。

急性拒絶反応には、分単位で起きる激烈な超急性拒絶反応と、日、週間単位で進行する急性拒絶、三ヵ月以降に起きる遅延型急性拒絶と三つのタイプがある。慢性拒絶反応は年単位で徐々に進行する拒絶反応だ。

つまり医師にとっても、レシピエントにとっても気を緩めることが許されない期間がしばらく続くのだ。

三例目のレシピエントは拒絶反応のコントロールに苦闘した。

六〇年代は放射線を照射してリンパ球を殺すなどしていたが、期待したほどの効果は認められなかった。

七〇年代初頭、拒絶反応を抑えるには、一九六二年に免疫抑制効果が証明されたアザチオプリン（イムラン）とステロイドの併用で対応するしかなかった。

アザチオプリンを投与すれば、拒絶反応を抑えることができる。しかし、それは同時に免疫力の低下に直結する。病原菌、ウィルスなどの感染症を引き起こし、合併症につながるのだ。

三十代の男性レシピエントに拒絶反応が強く出た。免疫抑制剤とステロイドを投与した。拒絶反応の抑え込みに成功し、腎臓が順調に機能している時は、レシピエントは健康体に見える。

「感謝されますよね、その時は、レシピエントや母親からも」

しかし、大島は内心では脅えていた。そんな表情をおくびにも出さずに治療を継続した。

今度は感染症を引き起こし、体力を消耗していった。症状の悪化は加速度的に早くなった。

感染症を治療するために、免疫抑制を最小限に抑えて、合併症の治療にあたった。

合併症が改善されると、拒絶反応が頭をもたげる。そして免疫抑制剤を投与する。合併症がさらに悪化する。そして免疫抑制剤を減らす。同じことの繰り返しで、結局、レシピエントは一年も経たないうちに死亡した。

一人息子に腎臓を提供した母親は、怒り、泣き叫び、大島に抗議した。白衣につかみかかり大島を激しくなじった。

「息子を治してやるって言ったじゃないか」

大島には返す言葉がなかった。ただ黙って母親の泣き叫ぶ声を受け止めるしかない。

「これでは、私があの子の命を奪ったのと同じだよ、先生、わかってるの」

〈全力を尽しましたが、力及びませんでした〉

心では精一杯そう謝罪しているが、そんなことを口にしたからと言って、最愛の一人息子を失った母親に、いったいどんな意味があるというのか。

「よくしてやる、治してやるって言ったのは大島先生でしょう」

病院中に響く声で母親は大島を責めた。

大島は廊下に跪き、母親に頭を下げた。しかし、言葉が出てこなかった。無言で頭を下げるだけだった。この時、大島はまだ二十八歳だった。

「夜逃げしたい気持ちだった」

どんな抗議にもじっと耐えるしかない。すべて自分がやったことなのだ。

太田医師は、そんな大島に「悩むだけ悩め、苦しむだけ苦しめ」と助言した。悩み苦しんで、患者の命が救えるのならいくらでも悩み苦しむ。しかし、失われたレシピエントの命はどうすることもできない。

父親が脳溢血で死んだ。その後の生活には常に貧困がつきまとっていた。貧しさはまだ子供だった大島の力ではどうすることもできなかった。

病気も同じようなもので、本人に非があるわけではない。まして経済的理由で、助かる命が失われていいはずがない。そう思って移植医を志した。

母一人子一人の母子家庭だ。どんな暮らしをしているのか、大島には想像がついた。だからこそなんとしてもこの患者を救ってやりたいと思った。しかし、現実はそんな大島の思いをあざ笑うかのように三例目は悲惨な現実を突きつけた。

大島は父を失った後、精神的にも肉体的にも強くなりたいと思った。高校に進学し、柔道部に入った。激しい稽古に耐えたが、血尿が止まらなくなった。診断を受けると、すぐに退部しろと言われた。激しいトレーニングに様々な臓器がダメージを受けていたのだ。退部せざるをえなかった。

子供の頃は不良連中によくからまれた。殴り合いのケンカになっても、相手が多数でも逃げることはしなかった。売られたケンカには負けることがわかっても、大島はかかっていった。

「したことがないのは年下の連中とのケンカだけで、あとはナイフをちらつかせるヤツともやってきた。逃げるのが嫌だったから」

しかし、三例目の後は違っていた。

「自分のしていることは誤りなのではないか」

あれほど確信を持って進めた腎臓移植だが、その確信が大きく揺らいだ。

――本当に患者のための移植なのか。自分の中に功名心がなかったと断言できるのか。

母親は子供のために自分の臓器を提供している。ここで移植された腎臓を廃絶させてしまえば、何のための臓器移植なのか。まったく無意味ではないか。

――移植臓器をなんとしても生着させたいという思いが、人工透析治療への移行時期を遅らせはしなかったか。その判断に誤りがなかったと確信を持って言えるのか。

自問自答を何度も何度も繰り返した。

「荷物をまとめて夜逃げしたいと思った。本当に夜逃げするしかないと思った」

病院に行っても周囲の冷たい視線を背中に感じた。

三例目の男性の死は瞬く間に病院内に広がった。

看護師、栄養士が人工透析を受けている患者、腎不全の患者を指導している。

「腎臓移植なんてやるものではないよ」

人工透析治療を担当する内科医は大島に面と向かって言った。

「腎臓移植はまともな治療ではない」

返す言葉がなかった。

人工透析治療は、一九七二年に身体障害者福祉法が改正され、腎機能障害者が障害者一、三、四級に含まれるようになり、以前よりもはるかに人工透析治療が受けやすくなったのだ。

人工透析治療と腎臓移植は慢性腎不全治療の両輪と期待されるようになった。しかし、現実には移植医療は惨憺たるありさまだった。

大田医師は、レシピエントの死に苦悩する大島に言った。

「患者やその家族に謝るな。お前が自分の信念に基づいてやったことだから謝るな」

大島が全力を尽した手術なのだから、死の責任を感じる必要もないし、謝罪する必要もないと居丈高に対応しろという意味ではない。責任回避とも違う。

当時の医師はパターナリズム（医療父権主義）を当然のものとして教育されてきた。医師は自分の家族に接するようにして患者を診察しなければならない。こうした教育は、医師のモラルについて書かれた「ヒポクラテスの誓い」やフーフェランド（ベルリン大学教授、一七六四～一八三六）の「Enchiridion Medicum」に影響されている。

「ヒポクラテスの誓い」は紀元前四世紀、医学の父と呼ばれたヒポクラテスが提唱した医学倫理の根幹を記したものだ。「Enchiridion Medicum」は、オランダ語の翻訳書を、緒方洪庵が二十年かけて翻訳し、「扶氏経験遺訓」として著した。全三十巻に及ぶ「遺訓」の巻末には医者に対する戒めが「扶氏医戒之略」として記述されている。

その中の一節にはこう記されている。

『不治の病者も仍其患苦を寛解し、其生命を保全せんことを求むるは、医の職務なり。棄てて省みざるは人道に反す。たとひ救ふこと能はざるも、之を慰するは仁術なり。片時も其命を延べんことを思ふべし。決して其不起を告ぐべからず。言語容姿みな意を用ひて、之を悟らしむることなかれ。』

つまり助かる見込みのない病であっても、患者の病苦を和らげ、その生命を保つように努力するのが医師の務めである。患者を放置し、治療しないことは人道に反する。たとえ救うことができなくても、患者を慰めるのが仁術というものだ。ほんのわずかな時間であっても、患者の生命を延ばすことを考え、決して死を宣告してはならない。それを言葉や表情に表し、患者に悟られないよう配慮しなければならない。

現代のインフォームド・コンセントとは対極にある考え方が、医師のモラルを支配していたのだ。

当時の移植医療は、中京病院だけではなく、日本全国どこの病院でも、アメリカで行われている移植手術の生着率、生存率についてデータをドナー、レシピエントに説明などしていない。説明してから行われた移植など皆無と言ってもいいだろう。

たとえ日本での移植データを説明しようとしても、日本の腎臓移植は始まったばかりで、そうしたデータも蓄積されていなかったというのが現実なのだ。

患者やその家族は成功することを当然期待する。大島が経験したようなドナーや患者家族からの抗議は、移植を行った病院では少なからず起きていた。

「家族に対しては希望的な説明をしていたと思います。私たちにはアメリカで移植を勉強してきた岩月医師がいる。希望的な説明をして、これっぽっちも弱味というか、移植の困難な状況は見せなかった」

希望的な結果が出せなかったのだから、家族が怒るのは当然だった。

しかし、太田医師は謝罪するなと、大島に告げた。それはどんなに大島が許しを請うても、相手は許してくれないのを知っていたからだ。

「どんな結果が出ようとも、その良し悪しを判断するのは、レシピエントでありドナー、患者家族なんだ」

そして、太田医師はこうも大島に告げた。

「絶対に逃げるな」

移植を続けるために、自分の中に渦巻くこの不安、焦燥とどう折り合いをつければいいのか、大島には出口が見えなかった。

移植は拒絶反応と合併症との闘いだった。

「免疫抑制剤が少なければ、拒絶反応が起きる。多すぎれば合併症を引き起こす。その境目で移植を成功させなければならない。その境目の空間が当時は極めて狭かった」

そのわずかな隙間でレシピエントの術後管理をしなければならない。それができなければレシピエントの健康は維持できない。それが可能にならなければ、移植は成功したとはいえない。

移植手術後の合併症は術後三ヵ月以内に集中するといわれている。移植された腎臓の拒絶反応を抑えるために免疫抑制剤を使う。その副作用で感染症や合併症を起こす可能性が高くなる。サイトメガロウィルスが五〜一〇%、移植された腎臓の血栓症（静脈が五%、動脈が一%未満）、移植尿管の壊死（三～五％）、手術創からの感染七％と、危険な状態が続くのだ。

透析患者と移植を受けたレシピエントの死亡リスクを比較したデータがある。

透析患者の死亡リスクを一・〇とすると、移植直後のレシピエントの死亡リスクは二・八四と跳ね上がる。両者の死亡リスクが一致するのは、術後百六日目になる。生存率が並ぶのが二百四十四日目、五百四十八日目に、レシピエントの死亡率は透析患者の〇・三二となり、透析患者の約三分の一になる。（※）

このデータは一九九一～九七年にアメリカ人のレシピエントを対象にした分析結果であり、現代の移植はこのデータより数段改善されている。しかし、大島が移植を開始した一九七三年は、このデータよりさらに低い数字であったことが想像される。

「力及びませんでしたではすまされない。レシピエントの命がかかっているわけだから……」

医療の世界に一〇〇％は存在しない。逆に死は一〇〇％の確率で誰にでも訪れる。

その死を回避するために医療は存在するし、そのための移植のはずだ。患者も当然それを望み、移植に同意してくれた。しかし、医師と患者の思いは同じでも、その望んでいる結果が出せないケースもある。大島は目標を五十例に掲げた。

「このまま逃げてしまったら、それこそ敗北者で、医師としても人間としても失格だと思った」

続けるためにはどうしたらいいのか。

――もうこれ以上はできない。倒れる寸前まで頑張ったと身体で示すしかない。

それ以外にどんな方法があるのか。大島にはそれしか思いつかなかった。

（「Wolfe et al, N Eng J Med 341, 1999」を近藤俊文医師が『日本の腎臓病患者に夜明けを』の中で分析）

5　停滞

腎臓移植をたった三例で終わらせるわけにはいかなかった。中断すれば、「移植はまともな医療ではない」と自ら認めるのと同じだ。それは大島を信じて、ドナーとなった三人の母親と、母親からの腎臓提供を受けた三人のレシピエントに、自分が行った移植手術はすべて誤りだったと告げるのに等しい。

どんな苦しく、つらくても継続していくしかなかった。岩月医師が中京病院で執刀する期間は一年半と決まっていた。その後、岩月医師はアメリカに戻る予定になっていた。その間に、大島はすべての技術を岩月から学ばねばならなかった。

大島らが最初に移植手術を行ったのは一九七三年だった。日本移植学会によれば、七三年以降、国内の移植は以下のような数字になる。

七三年　生体腎移植数八十二例　献腎移植四例。
七四年　〃　百十七例　〃　八例。

七五年　〃　百三十一例　〃　四例。
七六年　〃　百三十三例　〃二十二例。
七七年　〃　百七十例　〃二十七例。
七八年　〃　二百二十一例　〃三十六例。
七九年　〃　百七十六例　〃五十一例。

大島らが移植を開始した七〇年代前半、大島によれば一年生着率は「六〇％にも届かないという状況だった」という。

中京病院でも腎臓移植手術は継続された。

「全身全霊、力の限りを尽くして手術、治療にあたるしかない」

そう決めて手術に臨んだ。しかし、成績は向上しなかった。移植手術が行われれば、自宅に帰る時間もなく、レシピエントの急変にも対応できるように病院に泊まった。七〇年代は帰宅し、家族とくつろぐといった余裕は皆無といってもよかった。

「あの頃は、今までの私の人生の中でも、診療に自分のすべてをぶち込んでいた時期だった、とかけ値なしで言える」

レシピエントの年齢に応じて、内科医や小児科と連携しながら、移植された腎臓が生着するように、文字通り寝食を忘れて、術後はレシピエントの管理にあたった。移植医療にすべてをかけていた時期だった。移植手術が行われた夜は当然のごとく病院に泊まり込み、レシピエントの容態が安定するまでは、一週間でも十日でも帰宅は許されなかった。

寝る時間が少なくなれば、必然的に起きている時間の方が長くなる。食事の回数も当然多くなり、あっという間に体重が増えた。

「貫禄が出てきましたね。医者はこれくらいの体格がなくては……」

と、言っていた先輩医師もすぐに体格について何も言わなくなってしまった。

貫禄を通り過ぎて、中京病院の『三大デブ』の一人に大島も数えられるようになっていた。

生活そのものがまったく不規則だった。

岩月医師の指導の下で、一年半の間にすべてを学びとろうと思った。移植例は十五例に達していた。

一九七五年岩月医師が、移植医療を継続するためにアメリカに戻ってしまった。

「岩月医師がいてくれた時とはまったく違う状況になった」

緊急時には岩月医師がそばにいて、いざとなれば指揮を取り、指導してくれた。アメリカでの移植経験があり、信頼を置き、その指導に従えばよかった。しかし、それからは大島がすべての責任を負わなければならなかった。

岩月医師が去った後、予想もしていない事態に陥った。

「手術室に入るのが本当に怖くて仕方なかった」

大島は手術室に入れなくなってしまったのだ。移植手術への重圧に心が折れかかった。移植手術では、万が一にもドナーに不測の事態が起きることは許されない。

「レシピエントは元気になったが、ドナーの身体に問題が生じたなどというのは絶対に許されない。何のための移植なのか、まったく意味がなくなる」

ドナーの予後を健全に保ち、なおかつレシピエントの移植腎を生着させ、人工透析治療では得られないQOLを確保しなければならない。岩月医師が去った後は、これらの重圧を一人で背負うことになる。

レシピエントが死亡すれば、レシピエント本人やドナー、家族の期待が大きいだけに、その時の怒りはとても受け止められるものではないことを、大島はすでに知っていた。

その後、一年間、大島は移植手術ができなくなってしまった。

「一年間のブランクができました」

大島はその間、十五例の移植を徹底的に分析した。

何故、移植した腎臓が生着しなかったのか。何故、レシピエントは死亡したのか。

「うまくいったケースではなく、思い通りにならなかった移植例を徹底的に分析しました」

日本ではまだ不確かな医療とされた移植を、確かな医学として成立させるためには、成功例だけではなく、うまくいかなかったケースを分析し、何故レシピエントの期待に応えられなかったのか、それをまとめて移植学会に発表した。

「当時は、失敗例、死亡例、そんなのばかりを発表していました」

十五例を分析し、移植した腎臓の生着について、考え方を変えた。

アメリカでは死体からの移植が主流で、生着しない場合は、その後は人工透析治療でやり過ごし、次の移植の機会を待つということが可能だった。

しかし、死体からの腎臓提供をほとんど望めない日本では、家族から与えられた腎臓は貴重で、稀だった。医師もレシピエントも、なんとかして生着させようと懸命になった。拒絶反応が起きると、免疫抑制剤を増やし、移植した腎臓を維持しようとした。その結果、合併症を引き起こして死亡する例も少なくなかった。

大島自身にもその経験はある。

「痛い目に遭ってから、まだいいだろう、まだ大丈夫だろうという考え方は捨てました。合併症が重篤化してからでは遅すぎる。拒絶反応が出てきたら、まだいいだろうという考え方を排除し、早めに生着を断念した。もしかしたら生着したかもしれない腎臓だけど、捨てなくてもいい腎臓を捨てる結果につながったとしても、それは仕方ないというふうに考えるようにしました」

そう考えて、拒絶反応がある一定のところまできたら、大島は移植した腎臓の生着を諦めるようにした。

「その時から合併症で亡くなるレシピエントは激減しました」

移植した腎臓が廃絶したり、拒絶反応を起こしたりした時は、その腎臓の摘出手術をしなければならなかった。思い描いていたような結果を出せずに苦悩する大島に、心ない医師がからかうように聞いた。

「今日の手術は腎臓を移植するんですか。それとも摘出なんですか」

何を言われても耐えるしかなかった。

一九七三年九月に一例目、二例目を行い、結局岩月医師がアメリカに帰国するまでの間、十五例の移植を行った。そのうち四人のレシピエントが術後一年以内に死亡していた。

「実際、最初の頃は八割の生存率も確保できなかった」

尿が止まり、失敗ではと思った一例目、二例目のレシピエントは四、五年生着した。

その後に行った子供のケースでは、皮膚に母斑のようなものがあり、そこからメラノーマが発生し、悪化して皮膚がんになった。

「がんが全身に転移し、亡くなった。その子の親は感謝してくれましたが、その子供はまだ十歳未満の男の子だった」

　移植を成功させるには、免疫抑制剤で拒絶反応を抑えることだが、もう一つの要素は同じ血液型と、ＨＬＡ（Human Leukocyte Antigen）＝ヒト白血球抗原の適合数を増やすことなのだ。

　腎臓移植は一九五〇年代、死体や家族から提供された腎臓が移植された。しかし、数日後かあるいは二十日前後でレシピエントはすべて死亡した。こうした犠牲と経験を経て、ドナーとレシピエントの間には、相性の良し悪しがあることが経験的にわかってきた。

　一九五六年、フランスのドセー医師によって、ＨＬＡは白血球の血液型として発見された。ＨＬＡは白血球だけにあるのではなく、人間の細胞にも存在し、組織適合性抗原として働いていることがわかってきたのだ。

　ＨＬＡが遺伝子の第六染色体にあることもわかり、このＨＬＡが人間の免疫システムをつかさどっている。ＨＬＡは両親からその半分ずつを受け継ぐため、親子や兄弟の間でも一致する確率は低く、一卵性双生児同士の移植では、このＨＬＡがすべて一致しているために、拒絶反応は起きないことが証明されている。

　非血縁間ではＨＬＡが一致することは数万分の一程度と言われている。ＨＬＡが合致しなければ、移植された臓器はレシピエントの体内で異物と認識され免疫システムが攻撃を開始する。

このＨＬＡの適合数がなるべく多い者同士の間での移植なら、拒絶反応も最小限に食い止めることが可能になる。当然、移植の成功率は高くなる。とはいえ一卵性双生児同士での移植でもない限り、拒絶反応は必ず現れる。

いくらやっても七〇年代は思うような結果は出せなかった。

「もう一人前だからと、七五年に岩月先生がアメリカに帰国してしまった。私は三十歳になったばかりで、手術を行う普通の外科医としても一人前なんて言えない年齢の私が、最年長で移植をやっていかなければならなかった。

その頃、正直に言えば、手術は怖かったですね。でもそんな不安な様子は見せられない。病院に入れば、任せておけっていうような顔をしなければならない。オタオタしていたら、誰もついてきませんよ。でもその分、ものすごいストレスでした」

6　学会

大島はどんなにつらい立場に立たされても、酒で憂さを晴らすことはしなかった。

「酒は元々強くないし、楽しく飲むものだと思っているから」

岩月医師がまだ中京病院に籍を置き、移植手術の先頭に立っている頃だ。酒席をしばしばともにした。楽しいはずの酒席が、苦い酒になることもある。

「俺は腹をくくっているが、お前も死んだら地獄へ行け」

酒が進んだ岩月医師が言った。

意味がわからずに大島が聞き返した。

「どういうことですか」

岩月医師が声を荒らげながら語った。

「健康な人間にメスを入れて、何の問題もない腎臓を摘出している。それを慢性腎不全の患者に移植している。立派なことをしているような顔をしているが、立派なことをしているわけではない。それだけではない。それをもらった人間の体まで、時には助けられずに命を奪う結果になっている。これが俺たちのやっている移植医療だ。俺はもう覚悟している。地獄に行くしかないと。お前もそう覚悟しろ」

欧米では、移植は死体から摘出された腎臓が移植に用いられる。生体からの摘出は極めて少ない。日本は移植が開始された頃から、家族から提供された腎臓が移植に使われている。

しかし、「ヒポクラテスの誓い」にも、「患者に利すると思う治療法を選択し、害と知る治療法を決して選択してはいけない」と書かれている。また、緒方洪庵が翻訳した「扶氏医戒之略」にも医師は、「人の生命を保全し、人の疾病を復治し、人の患苦を寛解するの外他事あるものにあらず」と、無意味な治療、手術などは医療としては認めていない。

健康な身体から腎臓を摘出することが、医療であるはずがない。両腕を失っている人間がいる。ドナーは両腕を持っているから、片方の腕を切り落とし、移植が可能だから、両腕のないレシピエントに移植する。そんな移植が認められるはずもないし、片腕を切り落とす手術を医療として誰も認めないだろう。

では何故、生体腎移植が認められるのか。

健康なドナーから腎を摘出した場合、残った腎臓に代償性肥大が生じ、二腎の場合に比べて三〇％の腎機能低下が生じるとされてきた。しかし、腎臓には予備力があるので通常の生活を営むには差支えない、というのが生体腎移植を認める医学的根拠になっている。

日本移植学会の〇三年十月改定の倫理指針（ガイドライン）では、生体腎移植について、「健常者であるドナーに侵襲を及ぼすような医療行為は本来望ましくないと考える。特に、臓器の摘出によって、生体の機能に著しい影響を与える危険性が高い場合には、これを避けるべきである」として、健常者からの臓器移植の提供に消極的な態度を示している。

ただし「例外的にやむを得ず行う場合」には、WHO勧告、国際倫理指針、厚生省公衆衛生審議会による「臓器の移植に関する法律」を参考にし、以下の点を遵守することとしている。

(1)　親族に限定する。親族とは六親等以内の血族か三親等以内の姻族を指すものとする。

(2)　親族に該当しない場合においては、当該医療機関の倫理委員会において、症例別に個別に承認を受けるものとする。その際に留意すべき点としては、有償提供の回避策、任意性の担保などがあげられる。（略）

(3)　提供は本人の自発的な意志によって行われるべきものであり、報酬を目的とするものであってはならない。

(4)　提供意志が他からの強制ではないことを家族以外の第三者が確認すること。「第三者」とは移植医療に関与していない者で、提供者本人の権利保護の立場にある者を指す。

（5）ドナーへのインフォームド・コンセントに際しては、ドナーにおける危険性と同時に、レシピエント患者の手術において推定される成功の可能性について説明を行わなければならない。

（6）未成年者ならびに精神障害者は対象としない。（略）

生体腎移植は、親子や兄弟、夫婦といった近親の家族間で、例外的に認められているにすぎない。

「親や子は強い愛情で強く結ばれていて、一心同体だという考えで、生体腎移植はやっている」

だからこそ、生体腎移植は医師にも精神的に強いストレスがかかるのだ。ドナーに万が一にも不測の事態があってはならない。その上で、レシピエントへの移植を成功させなければならない。ドナーの予後を悪化させ、なおかつ移植した腎臓が生着しなかったら最悪のケースになる。レシピエントへの移植は成功したが、ドナーの予後に問題が生じたり、逆にドナーは順調に回復したが、移植した腎臓が生着しなかったりすれば、移植手術そのものが意味を持たなくなる。

しかし、過去の移植手術例を冷静に分析し、改善すべきことを改善しても、思ったように成績を向上させることはできなかった。

「最初は腎臓移植で患者を救う、救えると、そのことばかりを考えて移植手術をしてきた。その頃は果たしてこれが医療なのかどうかなんて考えていなかった」

移植手術を重ねるうちに、大島も岩月医師が言った言葉を考えざるを得なかった。岩月の言葉は、心に突き刺さり、爪の間に入った棘のようにいつまでもうずいた。それはレシピエントが無念のうちに生涯を閉じていく現実を目のあたりにし、救われると信じていた家族の悲しみや怒りに直面したからだ。

「一生懸命に生体腎移植が許される理由を考えてやるわけですが、健康な人にメスを入れる。こんなことは医療ではないでしょうと言われれば、もう言い訳ができなかった。俺はいったい何をやっているんだということになる。実際にやっていくうちに、どんどんそうした気持ちが大きくなっていった」

しかし、すでに移植の世界に足を踏み入れた大島には、引き返すことは許されなかった。十五例を終えた時点で、期待に応えられずに、命を失っていたレシピエントがすでに四人出ていた。

「腎臓移植を、透析治療の両輪となる治療法に確立するしかない」

それだけが医師として生きようとする大島に、唯一残された道だった。

移植を慢性腎不全患者の治療方法として確立するために、大島は中京病院で行った腎臓移植を論文にまとめ、移植学会をはじめとする関係学会に発表した。

「医学として成立させるためには、論文を発表して、移植治療法を学問として体系化しなければならなかった」

大島は成功した移植手術ではなく、いい結果が得られなかった移植手術を取り上げ、何が原因だったのか、それを徹底的に分析し論文にした。腎臓移植はどこの病院でも着手したばかりで、拒絶反応と合併症の壁を乗り越えられずに苦悩していた。

中京病院の移植手術例から、大島と同じように移植医療に志した医師らの道標になればいいと考えた。しかし、その思いを理解する医師は極めて少なかった。

「移植学会での私たちの受け止められ方は、その他大勢の中の一人という扱いでした。どこの馬の骨ともわからんヤツが何をやっているんだっていう受け止め方しかされなかった」

移植は最先端の医療で、移植手術をやっていたのは大学病院が通常だった。中京病院では大島を中心に、名古屋大学医学部を卒業したばかりの若い医師が移植手術を進めている。移植症例は増えていくが、大学病院の医師らからは訝る表情で見られていたのだ。

「あの頃は学会からはまったく無視されていました」

一九八〇年に入り、中京病院での移植例が五十を超えた。移植数では、泌尿器科では大阪大学に次いで二番目の移植数だった。

「腎臓移植についてのシンポジウムが全国規模で開催されても、私たちは呼んでももらえなかった」

中京病院で行われている移植は、学会では評価の対象外の扱いを受けていたのだ。大学病院と市中病院の「差」は歴然としていた。一部には、大島らの実績を評価する東京大学、大阪大学、京都大学の医学部教授もいたが、多くは大島らの実績を無視した。

「七〇年代はとにかく移植を確立させるために夢中だった。大学病院というバックグラウンドのある医師にも決して劣ることのない実績を挙げ、それを認めさせるには倍以上頑張らなければならないと、当時は思っていました。彼らの倍は働いている自信はあった」

その結果、移植学会も大島の実績を無視できなくなるほど、その症例数を増やしていくことになる。

「市中の病院の医師が一だとすると、大学病院の医師は〇・七か〇・八くらいしか働かない。こちらが二倍頑張ってやっていくと、十年経つと、数字的には大学病院の三倍くらいを中京病院ではやっているという結果になった」

当然、移植手術では、技術的にも大学病院よりも優れ、ドナー、レシピエントの術後管理に関しても、多くの経験と実績を積み重ねることになる。

それでも大島らが進めてきた移植実績は、学会では評価されなかった。

移植後、レシピエントはがん発症率が高くなる。レシピエントのがんの発症例についての論文を最初にまとめたのも、大島だった。

アメリカのシンシナティ大学医学部のイスラエル・ペン教授（故人）は、一九六八～一九九七年に間に行われたがんを持ったドナーからの移植二百七十例を調べ、百十七例に再発、転移があったと報告している。四三％の患者に悪性腫瘍が発生しているという論文を発表している。六十六例は全身転移で死亡率は六七％。その他四二十例は移植臓器に、六例は周囲臓器に浸潤していた。このペン教授の論文が「がん患者からの移植は禁忌」という根拠になった。

この論文が移植医に与えた影響は大きく、どこの国でもがんを患った患者から提供された臓器の移植は禁忌とされてきた。

免疫抑制剤を投与するために、免疫力の低下を招き、通常であれば抑え込めるはずのがん細胞の増殖を許してしまう。そのためレシピエントのがん発生率は高くなってしまう。移植後のがんの発症例について、大島は論文を発表しようとした。しかし、その論文は却下されてしまった。

その直後だった。レシピエントに起きるがんの発症についての論文が学会誌に掲載された。それに「論文の内容は、私たちの方が病理標本からすべてにおいてしっかりしたものだった。

もかかわらず、それを認めようとはしない。どう考えても、最初の論文は、大学病院か、その系列の研究機関でなければならないという風潮があったと思います。医師の世界というのは、妙なことが起きると、その時に思い知らされました」

大島は医師を職人だと考えている。他の職人と大きく違うのは、やり直しがきかないという点である。当然のことだが、患者の生命は一つしかない。その生命を扱う医師は最高度の技術を身につける必要があり、それは並の努力では獲得できないものだ。

移植医は一年三百六十五日、患者中心の生活になる。二、三日の徹夜などは当然で、一週間のうちベッドで眠れるのは一日あるかないかということもある。通常の医師の生活ではなくなる。大島と名古屋大学を卒業し、移植医を志した後輩たちとともに、その生活を甘受し、その生活に耐えてきた医師らで積み重ねてきたデータが、学会という世界ではまったく無視されてしまった。

「どれだけ実績を積み重ねてきたかということが医師の評価にはつながらず、当時は、権威のある学会誌に論文をどれだけ発表したかで、医師の評価が定まるような時代でした」

大島の名前は一部の移植医や泌尿器科医の間では高く評価されたものの、彼の業績が全国の移植医、泌尿器科医に浸透し、評価されるようになるまで移植開始から十五年以上の歳月を必要とした。

7　東海腎バンク

移植から五年が経過した一九七八年一月、大島は死体から提供された腎臓を初めて移植することになる。金沢医科大学病院から連絡があった。ドナーが現れ、二つの腎臓が摘出されるという。その頃、金沢医科大学病院では、腎臓移植は行われていなかった。

死体腎からの臓器移植のルールもなく、病院が独自で行っていた時代でもある。

大島はその提供された腎臓で、移植手術をすると即答した。二つの腎臓は、一つは名古屋第二赤十字病院、もう一つは中京病院に運ばれ、レシピエントに移植されることになった。

レシピエントの選択は、当時は医師の自己裁量で決めることが可能だった。移植を希望する慢性腎不全患者の中から、血液型、ＨＬＡが最も適合する患者を選んだ。中京病院で手術を受けるレシピエントは成人式を目前に控えた男性だった。

ドナーは六十歳以下と年齢制限が設けられていた。それ以外の情報はなかった。

摘出は金沢医科大学病院で行われた。二つの病院がそれぞれ、摘出された腎臓を受け取りに金沢まで車を走らせた。帰路はパトカーの先導を受けて名古屋に戻った。

心臓が停止したドナーからの腎臓移植は初めての経験だった。生体腎移植よりも生着率が低くなるのは知られている。

「亡くなられた方からの腎臓移植については、論文を読んで知ってはいたものの、実際にはどのような経過をたどるのかがわからなかった」

しかし、成人式を迎える青年への移植は順調に進んだ。腎臓は機能してくれた。

心臓が停止したドナーからのこの移植は、大島の意識を大きく変える契機になった。

生体腎移植を進めてきた。正常に機能している腎臓を摘出しても、ドナーが通常の生活を営む上では、生命に大きな影響を与えることはないだろうと考えられていた。とはいえ万が一、交通事故などで残された腎臓が傷つけば、当然人工透析治療を受けなければならなくなる。生涯を通して、残された片方の腎臓が正常に機能するという保証もない。片方の腎臓を摘出すればやはりリスクは高くなる。

ドナーとレシピエントは「一心同体」と考え、生体腎移植を行っていたが、大島は予期していない事態に遭遇する。

生体腎移植では、ドナーが腎臓を提供してもいいと医師に伝えてくるのが一般的だ。医師自らがドナーを説得し、提供を求めることなどない。「一心同体」の家族間だからこそ、生体腎移植は可能になる。しかし、その判断に悩まされるケースも出てくる。

大島の前に、移植手術を受けたいと中年の夫婦が相談にやってきた。夫の方が慢性腎不全で人工透析治療を受けていた。ドナーになるのは妻だ。夫は、ドナーになることに妻は同意していると説明し、妻もそれを否定はしなかった。しかし、妻は終始無言だった。大島にはそれが気になった。

血液検査やＨＬＡの検査が進められた。その夜だった。あまり口を開かなかった妻から大島のところに電話が入った。

「適合性に問題があったようにしてください」

夫婦の話し合いで、妻が提供してもいいという結論が出たので、移植の相談に来たことにはなっていたが、実際はそうではなかった。妻は納得しないまま、夫に連れられて来院していたのだ。

「妻が承諾していないのに、腎臓移植なんてできるはずがない。しかし、奥さんからこんな電話がありましたと、夫の方に連絡もできない。そうしたケースの時、私たち医師はものすごく難しい立場に置かれる」

結局、二人に再度来てもらった。

「もう一度、よく話し合ってください」

大島にはそれ以上何も言えなかった。

夫の方は、何事が起きたのかわからずに、「何かあったのですか」と執拗に大島に食い下がってくるが、それ以上の説明は無理だった。

「こうしたケースは一度や二度ではなかった」

四人兄弟の一人が腎不全患者だった。他の三人は健康で、「自分の腎臓を移植してやってくれ」と大島に熱い口調で訴えた。仲の良い兄弟に思えた。

それぞれ妻と一緒に来院し、夫たちのやり取りをそばにいて、すべて聞いていた。夫の腎臓提供に異論を唱える妻は一人もいなかった。当然妻たちも、自分の夫が腎臓を提供することについて、それぞれ夫婦で話し合って、納得しているものだと思った。

このケースも大島のところに電話が入った。相手はそのうちの一人の妻だった。

「適合検査の結果、うちの主人の腎臓は不適合だということにしてください。お願いします」

その妻は夫が腎臓を提供することに不同意だった。「不適合にしてほしい」と大島に懇願した。

この時も、大島はすべての兄弟と妻に集まってもらい、「もう一度、皆さんで話し合ってください」と言うしかなかった。

前回とはまったく異なる対応に、何が起きたのか、大島を問い詰めるが、事実を語ることもできず、

「現状では移植は無理です。もう一度話し合ってみてください」と繰り返すだけだった。

兄弟間、夫婦間の移植であっても、必ずしも「一心同体」とはいかないケースが出てくる。親からまだ幼い子への腎臓提供では比較的起こりにくいが、親子間でもこのようなケースはないとは言えない。

取材を進めるなかで、私自身も様々なケースを耳にした。

妻から腎臓を提供してもらった夫は、預金名義を妻の名前に書き換えた。

提供したにもかかわらず、うまく生着せず自責の念にかられた妻、そして妻に腎提供させたことに苦悩する夫。

本当は提供したくはないが、世間体を考えて兄のために提供した弟。

父や母に、提供してほしいと思っていても、それが言い出せずに一年も二年も苦悶していた透析患者もいた。

「ドナーが本意ではなく、納得もしていないのに、複雑な人間関係から同意せざるをえない状況に追い込まれてしまう場合もあるのを、経験から学びました」

生体腎移植を行う医師は、ドナーとレシピエント、その二人を取り巻く家族の人間関係にま

で目を配る必要がある。その上で、ドナーの意志が真実かどうかを見極めなければならない。

大島は生体腎移植を進めながら、腎臓移植は死体から提供された腎臓で行うべきだという思いを強めていった。

中京病院で初めて死体腎移植が行われてから三ヵ月後、一九七八年四月、愛知、岐阜、三重、名古屋市の三県一市によって東海腎バンクが設立された。死体から提供された腎臓移植を推進するための任意団体だった。全国でも画期的な試みとしてスタートした。

日本で最初の腎バンクで全国の移植施設、移植を望む腎不全患者の注目を集めた。

三県一市の腎臓移植を希望する患者の登録が行われ、患者の血液型、ＨＬＡなどの情報が集められた。その中から提供された腎臓と最も組織適合度のいい患者に移植手術が行われた。

東海腎バンクが設立されてから二年後、その成果は着実に数字となって現れていた。愛知、岐阜、三重の三県で行われた死体腎移植は二年間で十二例に達した。岐阜大学医学部附属病院二例、藤田保健衛生大学病院五例、名古屋第二赤十字病院一例、中京病院四例だった。

それまでに死体腎移植が多かったのは、千葉大学附属病院で、五十例を超えていたが、それは過去十五年の総数だ。岡山大学病院、日本女子医科大学もそれぞれ二十例を超えていたが、いずれも数年間の実績で、それと比較しても東海腎バンクの試みは確実に注目すべき成果を挙げ、腎臓移植の未来に一筋の光を投げかけるものではあった。

しかし、腎臓提供が行われる施設は限られていて、その施設の医師の個人的な努力に大きく依存していた。限られた施設での医師の個人的な努力による成果という意味では、死体からの腎臓提供は不確定要素が高く、不安定であることは紛れもない事実だった。

その一方で、医師の個人的な努力によって移植のための腎臓が確保できるという現実も、また見逃すことのできない一面だった。

腎臓提供登録も日本全体で八千九百五十八人で、一位は東京都の千八百三十三人、二位は愛知県で千百十二人だった。愛知県での登録が始まったのは東京都よりも六ヵ月遅れたことを考慮すると、愛知県での腎臓移植に対する取り組みは、他県と比較すると進んでいたことを想起させる。

岐阜県は百五十五人、三重県三百二十六人で、他県と比べても見劣りする数ではなかった。東海腎バンクの広報活動、取り組みが成果を挙げていたからだろう。

腎臓提供者が現れると、登録リストから適合する五人のレシピエント候補が選ばれる。五人が人工透析を受けている病院に最初に通知され、意志の確認が行われる。しかし、当時はまだ移植の承諾がすぐに得られる例は少なかった。

「その頃は、最も条件の良い人に移植された例は一度もなかった。最悪の場合は五人の候補者すべてが移植を拒否した例もあった」

生体腎移植でもまだ思うような成績を出せずに移植医は苦悩していた。死体からの臓器を使った移植は、さらに生着率が落ちるという厳しい現実が横たわっていた。適合性の落ちるレシピエントに移植し、思ったような移植実績が残せないという悪循環、負のスパイラルに、ここでも直面せざるをえなかった。

それでも生体腎移植を減らし、欧米並みに死体腎移植を増やしていくには、移植を志す医師が、まず臨床医を説得し、その次に彼らに亡くなった患者家族に臓器提供を説得してもらうしか術がない。

東海地区で二年間の間に十二例の死体腎移植が行われたのは、大島ら移植医を志した医師たちが、臨床現場の救命救急医、脳外科医の医師を説得したからにほかならない。移植で患者を救いたい、移植で救える患者がいる。すべて手を尽くしても、救えなかった患者が出た時は、家族を説得してもらえないだろうか。

「なんとかして移植で患者を救いたい。その気持ちを臨床現場の医師たちに理解してもらう以外に、術は何もなかった」

患者の生命を守りたいというのは、医師共通の思いだ。大島らの思いを多くの医師が理解してくれた。しかし、救命救急医療の現場の医師にしてみれば、臓器提供の話を持ちかけ、遺族を説得するなどというのは余分な仕事であり、しかも過度のストレスを抱え込むことになる。心臓発作、脳溢血などで運ばれてきた急患、交通事故で重傷を負ったケガ人。うろたえる家族の期待を背負って、救急現場の医師は最善を尽くして、命を救おうと努力する。

しかし、それでも救えない命はある。死を家族に伝えなければならない場合も当然出てくる。それまで命を救おうと必死になっていた医師が、「臨終」を告げた瞬間から、臓器提供の話を遺族にすることになる。

「救急医にしてみれば、たった今まで救命に全力を上げてきた。患者が亡くなった瞬間から掌を返したように臓器提供を持ちかける。その現場は大変だと思いますよ」

ほとんどの家族が戸惑い、激しく拒絶する。圧倒的多数の遺族が臓器提供を拒否する。

年間約百三十万人の人が死亡している。

「仮にそのうち十万人が臓器提供可能だったとする。一%の人が臓器提供に理解を示し、同意してくれれば千人の腎臓が移植として使えるようになる。そう考えて、現場の医師を私たちは説得して回りました」

臓器提供に同意してくれるかどうかは、最後の最後までわからない。しかし、大切な家族を失った遺族は、それまで現場の医師がどれほど懸命になっていたか、それを目のあたりにしている。

「そうした姿を見ていて、遺族の中にはごく一部でしたが、臓器提供に同意してくれた方たちが出てきたのです」

了解が得られれば、その場で腎臓を摘出することになる。

その時に備えて、救命医が最善を尽くしているその一方で、その病院に寝泊まりして待機した。

「移植というのは、臓器を提供してもらわなければ成立しない医療なんです。患者が死亡するのを待っているというのも現実です」

遺族からも、医療関係者からも、厳しい言葉が浴びせかけられる。

「ハゲタカ」、「人でなし」と。

どれほどこうした罵りの言葉を聞いてきたことか。

「それでも私たちは、移植によって人が救えると信じて、移植を進めてきました」

患者を救いたいと思う気持ちが先行し、思わぬ誤解を生む可能性があることも、大島は自戒の念を込めて語る。

「移植は人でなしの医療だと思う。人でなしという言葉が適切でなければ悲しい医療だと思う」

移植医の会話は、医療関係者以外の人が耳にすれば、常識を欠いているとしか思えないような言葉が飛び交う。

臓器提供があるかもしれないと聞けば、その病院に駆けつけ、待機態勢を取る。当然、その患者は生きているし、救命医は必死に生命を維持しようと最善の治療を尽くしている。家族も祈るような気持ちで、それを見守っている。

移植医はその病棟、病室に様子を見に出かける。

思わず口にしてしまう言葉がある。「まだか」

担当医も「もうじきだ」と苛立ちながら答えてしまう。

「まだか」は「まだ死なないのか」であり、「もうじきだ」は「もうすぐ死ぬ」の意味だ。

人の死に不謹慎であり、患者やその家族に礼を失しているのは明らかだ。しかし、生体移植ではなく、死体からの移植を目指せば、移植医療の現場には常にこうした状況がつきまとうのも事実だ。

「一般の常識感覚がどこかで麻痺しているから、こういう会話になってしまう。常にこうした危機感を持っておく必要が移植医には求められる」

患者を救いたいという強い思いが、時には常軌を逸する医療につながりかねない。やがて大島はそれを突きつけられることになる。

8　無脳児

大島は産婦人科医にも、協力を求めていた。

「アメリカの移植誌に無脳児からの腎臓を摘出し、子供の腎不全患者に移植したという論文が掲載されていた。七〇年代に、無脳児をドナーソースにした移植の論文を読んでいた」

無脳児とは、大脳を欠損したまま生まれてくる奇形児で、生存することは極めて難しく、当時は出産した事実さえ残されなかった。

無脳児が生まれたら、臓器提供を親に打診してほしいと、産婦人科医に大島は依頼して回っていた。

大人でさえも人工透析治療は肉体的にも大きな負担となる。ましてや子供であればなおさらだ。

子供への移植は、一九六〇年代前半は生体腎移植が年間に数例で、一九六〇年代後半から七〇年代前半は数例から十数例程度だった。一九七五年に二十例を超え、年を追うごとにその数は増えていく。小児への腎臓移植も圧倒的に生体腎移植が多い。

無脳児が生まれたと名古屋大学医学部附属病院から連絡が入った。一九八一年十二月に三十六週で生まれた無脳児は、生死の間をさまよっていた。体重は二千グラムだった。

両親からも、病院からも腎摘出に同意が得られた。

「これで子供の透析患者を救える」

彼はそう考えて移植を行った。

その無脳児から大島は二つの腎臓を摘出し、八歳の女の子に移植した。

小児への人工透析治療は一九六五年に初めて導入された。子供への人工透析治療は、成長障害をもたらした。透析によって、成長ホルモンや成長に必要なミネラルまでが除去され、身長が止まってしまうのだ。子供の場合、移植は早い方がいい。

しかし、この移植は回復不可能な強い拒絶反応が現れ、七十七日目には移植した腎臓を摘出しなければならなかった。

無脳児から腎臓を摘出し、移植した日本での最初のケースとなった。それから二年後、大島はこのケースも一九八四年三月に発表している。

しかし、その論文発表の前に、ＮＨＫの取材を受けた。移植の事実を知っているのは限られた医療関係者しかいなかった。「告発」しなければと考えた医師から情報が流されたのか、いまだにはっきりしないが、「無脳児からの移植」についての取材を大島は申し込まれたのだ。

「最初は挑戦が評価されたと思った」

しかし、大島の予想とはまったく反対で厳しい世論にさらされた。

「和田移植が突きつけられたものは、これだったのかというのを痛感した」

一九六八年、札幌医科大学の和田寿郎教授が日本で最初の心臓移植を実施した。しかし、レシピエントは移植後まもなく死亡した。和田教授は刑事告発を受けたが、結局不起訴処分になった。日本の臓器移植に対して不信感だけを残し、曖昧なまま決着してしまった。その後の移植医療の発展を妨げる大きな要因となったとされる。

〈無脳児を人間と思っていないのですか〉

NHKの記者から質問されて、大島は返答に窮した。

「今でも覚えている。取材記者に突然聞かれて動揺した。私は子供の腎不全患者を救うためのドナーソースになると考えていた。無脳児が人間か人間でないかなんていう質問を自分の中でしていなかった」

和田心臓移植ほど大きな騒ぎにはならなかったが、大島は厳しい批判にさらされた。

「臓器移植の慎重論者の意見は聞いた感じは良いが、一つの欠落した部分がある。それは移植によって助かる人のことを忘れているということです。慎重論者は慎重論を言う度に、助かることのできる命が失われていることをぜひ考えてほしい。その命を犠牲にしながらの慎重論だという厳しい認識が、彼らの考えの中にどの程度あるのでしょうか」

大島はこう反論したが、支持や共感は得られなかった。それ以後大島は無脳児からの移植は断念する。それは欧米も同じで、無脳児を「モンスターベービー」と呼んでいたアメリカでも、摘出を止めた。

「無脳児からの移植はいっさい止めました。記者の問いに、今もってその答えは出せずにいる。当時は倫理委員会もなければ、インフォームド・コンセントもない。ある意味、自分の思いで医療が実践できた。しかし、いくら子供の患者のことを思ってやったからといって、自分自身を納得させるだけの論理がみつからない。自分の中で答えが出せない医療はすべきではない」

大島が出した結論だった。

日本移植学会日本小児腎移植臨床統計小委員会は、「移植時年齢二十歳未満の患者」を小児と定義している。二〇一四年までの小児腎移植総数は二千八百七十六例。総レシピエント数は二千七百七十八人で、そのうち二回目の移植を受けた者九十一例、三回目の移植が七例だ。

生体腎移植は二千五百八十二例（八九・八％）、献腎移植は二百九十四例（一〇・二％）で、そのうち心停止後腎移植二百六十五例、脳死腎移植二十九例。

腎移植希望者一万二千六十四人（二〇一八年十一月末）、そのうち小児は百二人、毎年八十人前後の小児に移植されているにすぎない。しかも圧倒的に多いのは生体腎移植だ。

現在、小児の腎不全患者に対しては、人工透析治療の成長障害を最小限に抑えたり、透析治療を行わないで先行的腎移植（ＰＥＫＴ）などしたりして、成長障害を最小限に留めるような処置が取られている。小児でも成人でも、人工透析治療を経てからよりも、その前に腎臓を移植した方が、生着率、生存率が高くなることが証明されている。

また移植後は、移植腎機能の長期保持と、ステロイドの隔日投与、成長ホルモン治療が行われ、健常児と同じような成長が得られるような治療が実践されている。

しかし、心停止後、脳死による移植数はやはり少ない。


中京病院にやってくるのは患者ばかりではない。小児科に入院中の子供たちのケアをするためにボランティアの人たちも出入りする。六十歳前の女性がいた。夫を数年前に亡くしたが、経済的余裕もあり、ボランティア活動に参加していた。

その女性が胆石症にかかり、中京病院で胆石を取るための手術を受けることになった。

「大島先生、腎臓は一つあればいいんでしょう。胆石の手術のついでに、私から腎臓一つ取ってよ、それを子供たちに移植してあげて」

六十代の女性は、まるでアメ玉でも分け与えるように言ってきた。当時、五歳〜十一歳、四人の子供が透析を受けていた。透析治療がいかに過酷な医療か、子供たちの表情を見ていればすぐに理解できる。女性が知ってしまったのはそれだけではない。透析を開始すると、その時点で身体の成長が止まってしまうのだ。

「ボランティア活動をしているうちに、その事実を知ってしまった」

大島医師のところにやってきて、一つは子供たちの誰かに移植してもらってかまわないと申し出てきたのだ。

移植をするには、血液型、HLAの適合性の問題もある。それより生体腎移植のドナーは、肉親や家族に限られ、制限があることを、大島は懸命に説明した。

しかし、女性は納得しない。

「私があげると言っているのだから、別に問題はないでしょう」

喉から手が出るほど腎臓が欲しかった。十二歳になる女の子の患者をかかえていた。身長は一二七センチ、小学校二年生くらいの背丈しかない。

四歳の時に腎臓病になり、五歳から透析治療を受けた。その時に身長は止まったままになり、それ以後は成長が期待できなかった。

六歳の時、母親から腎臓提供を受けて、移植が行われた。

「母さんの腎臓がだんだん私の腎臓になっていく」

少女はそう呟いた。

三年後、その腎臓は拒絶反応が出て、廃絶した。再び透析の生活に戻るしかなかった。十歳の時、今度は父親の腎臓が移植された。しかし、二年しか生着してくれなかった。

この少女にはもはや生体腎移植のチャンスは巡ってこない。心停止、脳死からの腎臓提供を待つしかない。

「大島先生、いつになったら腎臓移植ができるのですか。早く腎臓をください」

何としても移植のための腎臓が欲しい。死体腎の移植を何としても増やすしかないと大島は思った。

9　シクロスポリン

移植後の拒絶反応を抑制するために、レシピエントには免疫抑制剤が投与される。当時はアザチオプリンという免疫抑制剤とステロイドが併用された。

レシピエントに移植された臓器だけを自己の臓器のように免疫システムに錯覚させ、なおかつレシピエントの免疫機能を維持できる状態、その閾値を見つけ出し、その閾値にレシピエントを保っておく必要がある。免疫抑制剤の投与量には細心の注意を払う必要があった。しかし、この閾値には個人差がある。その幅も極めて狭小なものだった。

六〇年代後半から七〇年代にかけて行われた移植に、大きな革命をもたらしたのがシクロスポリンという免疫抑制剤だった。

一九七二年、ノルウェーの土の中からトリポクラディウム・インフラーツム・ガムスという名前の土壌菌の代謝物が発見された。一九七六年、この代謝物に免疫抑制効果があることを、スイスのサンド社（現ノバルティスファーマ）のボレル博士が発見した。

一九七八年九月、ローマで第七回国際移植学会が開催された。ここでイギリス・ケンブリッジ大学のロイ・カーン教授が、腎臓移植後に免疫抑制剤としてレシピエントに投与し、画期的な効果が得られたと発表したのだ。

この国際移植学会に大島も出席した。ロイ教授の講演に十分間に合うように会場入りしたが、すでに会場は満席状態だった。世界中からこの講演を聞こうと移植医が詰めかけていたのだ。

大島は人垣を割り込むようにしながら、ロイ教授の講演を聞こうとした。主催者側が、演題がどれほど注目されているかの判断を誤ったために、小さな会場での発表になってしまった。

この講演を機に、世界中の移植を行う病院で、シクロスポリンの臨床試験が始まった。

一時は副作用が強すぎると、投与が懸念され、悲観的な見方もされたが、やはり優れた免疫抑制剤だということが、次第に明らかになっていった。

コロラド大学のトーマス・スターズル教授らによって、シクロスポリンとステロイドの併用が、それまでのアザチオプリンよりもはるかに効果を挙げられることがわかってきたのだ。

一九八〇年六月、大島はボストンで開催される第八回国際移植学会に出席するためアメリカに向かった。途中デンバーに立ち寄った。コロラド大学でスターズル教授と移植を行っていた岩月舜三郎医師と再会するためだ。

「移植が変わるぞ」

大島に移植を指導してくれた岩月医師が、大島の顔を見るなり言った。

デンバーに立ち寄ったのは、岩月医師と再会するだけが目的ではなかった。

「当時、まだ臨床試験段階だったシクロスポリンを、投与されたレシピエントを自分の目で確かめるためだった」

死体腎移植が主流のアメリカでは、脳死からの移植で当時一年生着率が五〇%だった。それがシクロスポリンの投与を受けると、一年生着率が八五%に跳ね上がっていた。心停止からの移植しかできなかった日本では一年後の生着率は四〇%にも届いていなかった。

自分の目でシクロスポリンを投与されているレシピエントを間近に見た。

大島はデンバーで、シクロスポリンの提供を岩月医師に頼み込んだ。大島はそのシクロスポリンを持ち帰り、中京病院で移植を受けた患者に投与した。それが日本で最初のシクロスポリン投与の移植例になった。

「移植に革命が起きたのを実感しました」

大島は七三年の一例目の移植から、移植学会に論文を発表してきた。

「論文の書き方を指導してくれた教授がいるわけではないので、見よう見まねで論文を書いた」

厳しい批判を受けたのも一度や二度ではない。それでも大島は屈することなく論文を書き続けた。移植を人工透析と同じレベルの治療法として確立させるためには、患者の期待にそえなかったケースも含めて、すべてを明らかにし、日本の移植医が結集して、治療法を確立する必要があると考えたからだ。

デンバーで入手したシクロスポリンを投与したケースを論文に発表しようとした。

「第一例で、いい成績が得られた。これで多くのレシピエントが救われるし、移植にも拍車がかかると、そう思った」

しかし、大島の予想はこの時も裏切られることになる。移植学会からその論文の掲載を拒否されたのだ。

「大学病院にも所属していない一医師が、日本で一例目の論文を書くというのが、掲載拒否の本当の理由だったと思います」

それでもシクロスポリンの効果を知った大島は、さらに移植を推進させた。

一九八三年一月、大島らが行ってきた腎臓移植は百例に達した。最初の移植から九年四ヵ月が経過していた。

一九八一年十二月までに日本全国で行われた腎臓移植総数は、二千五十九例で、そのうち生体腎移植千七百一例、死体腎移植三百五十八例だった。

百例以上の移植をしている施設は中京病院を含めて八施設で、当時二百例を超えていたのは京都府立医科大学だけだった。

八一年に最も移植数が多かったのは、東京女子医科大学の三十二例で、二十例以上行った施設は四施設、十五例以上が三施設で、中京病院も含まれている。

大島はこの時すでに移植医療は、八〇年代には大きく変わることを予感していた。

六〇年代は、人工透析治療もまだ不完全だったし、人工透析治療が保険適用になったのは一九六七年のことだった。

一九七二年には、慢性腎不全患者は社会福祉法の適用を受けるようになり、移植が失敗に終わったとしても、すぐに死に直結することがなくなった。アザチオプリン、ステロイドで拒絶反応が抑えられなくなれば、移植した腎臓を諦めて、透析治療に切り替えることも可能になってきた。

シクロスポリンの効き目はデンバーでレシピエントを見て十分理解している。シクロスポリンを自分自身の患者に投与し、アザチオプリンとは比較しようもなく優れた効果が認められた。アメリカでは臨床段階を終え、一九八三年に投与が可能になっていた。いずれ日本でもシクロスポリンも使用が可能になる。（日本で認可されたのは一九八五年）

シクロスポリンが投与可能になれば、移植腎の一年生着率が九〇％台に上昇するのは間違いない。

「シクロスポリンはまさに夢の薬だった」

大島は腎臓移植が、人工透析治療と並ぶ慢性腎不全の治療方法として確立され、一般の医療となる日が近いことを確信した。

また移植と人工透析とではＱＯＬに格段の差が生じる。週三回の透析から解放され、ほとんど健常者と同じような生活を営むこともできる。

一九八三年の段階で、透析患者は四万五千人を超え、毎年四、五千人の慢性腎不全の患者が透析を導入していた。

「当時、透析患者には年間七百～八百万円がかかっていた。ところが腎臓移植は手術に四百万円くらいがかかったが、次の年は薬代だけですんだ。経済的な側面を考えても、移植は推進されるべきだと考えたし、一般の治療法として認知させることも可能だと思った」

そう考えると、どうやって移植臓器を確保するのかという問題が浮上してくる。当時、慢性腎不全の患者の二割が死体腎移植を希望しているというデータがあった。約九千人が死体腎移植を望んでいた。

「死体から提供される腎臓を移植にするには、三つの課題があった。一つは、腎臓提供から移植に至るまで速やかな情報の伝達可能な組織作り、二つ目はいつ、いかなる時にでも患者を収容し、手術ができる施設と移植医の確保、三つめが移植臓器の提供でした」

移植は臓器提供があって初めて成立する医療だ。日本はまだ脳死を人間の死としては認めていなかった。心臓が停止したドナーからの臓器摘出しか許されていなかった。

一九六八年に和田心臓移植問題が起き、移植への不信感は根強く残っていた。移植医療については、医学、生命倫理学、法律上の検討課題が山積していた。移植は様々な角度からのアプローチが必要で、一つでも不明瞭な点を残したままでは、推進することは困難だった。

一九八七年四月当時、中京病院の生体腎移植数は百三十三例、死体腎移植五十二例、合計百八十五例で、一九七三年の移植開始から百六十四ヵ月、一ヵ月の腎移植数は一・一例ということになる。

日本で移植を行っている施設の中では八番目の移植数になる。この頃一年に百例以上の移植を進めているのは東京女子医科大学で、他の施設は多いところでも二十例前後で、中京病院もその一つということになる。

大島が予感した通りシクロスポリンの登場は移植の様相を一変させた。シクロスポリンが日本でも使用できるようになり、移植医療は大きく前進した。

「腎臓移植後の患者の生存率は九五%を超えるようになっていた。腎臓移植が原因で患者が死亡することはほぼなくなっていた」

移植腎の一年生着率は、生体腎移植が九〇％以上、死体腎移植でも八〇％を超える成績が得られるようになった。

中京病院では五年間（一九八七年当時）の成績は、生体腎移植の生存率は一年九八％、三年八八％、生着率は一年九三％、三年八三％だった。一方、死体腎移植の生存率は一年九七％、三年九三％、生着率は七六％、三年六八％だった。

大島やともに移植に取り組んできた若き医師たちは、自らの移植技術を高め、自らが培ってきた移植医療の確立の日が近いことを実感していた。

10　愛知方式

移植医に課せられた次の難問は、いかにして移植に用いられる腎臓を確保するかであった。日本で最初の腎臓バンクである東海腎バンクが、一九七八年に死体腎移植の推進のために発足していた。

しかし、死体腎の提供と確保は、移植によって腎不全患者を救おうと考える移植医と、その思いと情熱を理解した脳外科医、救命救急医との個人的な関係に大きく依存していた。一九九二年七月末までに、愛知県で行われた死体腎移植にはいくつかの特徴が見られた。

それまでに百回以上の腎の提供があったのは藤田保健衛生大学の脳神経外科だった。十回以上の腎提供があった施設が六施設。共通点は総合病院で、脳外科、救命救急センターを兼ね備えている施設だった。このうち五施設では摘出だけではなく、移植手術も行っていた。

脳外科医、救命救急医と移植医の間で信頼関係が成立している病院から、腎臓が多く提供されているのだ。それまでに行われた五百例（二百五十人の亡くなった人から提供された腎臓）

の移植のうち、ドナーカードを所有していたことが、実際に腎臓提供につながったケースというのは、十年の間に四回しかなかった。

つまり臓器提供の可能性がある患者が死亡した時、家族に臓器提供の話を持ちかけている医師がいたのだ。それまで患者を懸命に治療していた脳外科医や救命救急医だ。

「移植医療の意義を十分に理解してくれた脳外科医、救命救急医であっても、臓器提供の話を遺族にするのは精神的な重圧になります。私たち移植医というのは、最も厳しいことを彼らに要求するわけです。そんなことはいいかげんにしてくれと、彼らがそう思うのは当然です。一生懸命にやって救えなかった。家族が落ち込んでいるのに、そこに塩を擦り込むようなことをしてもらわなければならない。それは脳外科医、救命救急医の本来の仕事ではありません」

しかし、その困難な仕事を引き受けてくれる医師の存在が、腎臓提供につながっていたのだ。彼らが説得し、臓器提供に同意が得られれば、摘出手術が深夜であろうと、彼らもその手術には立ち会わなければならない。肉体的にもストレスがかかるだけだ。

「そうしたことを十分理解した上で、私たちは一人ひとりの医師を説得していくしかなかった。一人の移植医が、脳外科医、あるいは救命救急医を説得し、年間に一例でも家族が承諾し、腎臓が確保できれば、二人の慢性腎不全の患者に移植してやることができる。二人の患者が救えるという思いを彼らに理解してもらうしか、私たちには説得材料がなかった」

東海腎バンクには腎臓移植を希望する患者の血液型、ＨＬＡがあらかじめ登録されている。死体腎の申し出は二十四時間態勢で、メインセンターとして中京病院が受け、名古屋第二赤十字病院がＨＬＡの緊急検査を担当した。臓器提供から移植までは、「愛知方式」と呼ばれた方法で進められた。

連絡が入ると、ドナーとなる患者の家族の了解を得て、ＨＬＡ、クロスマッチテストのための採血が行われる。この頃は、レシピエントとドナーの血液を混ぜ合わせ、反応が生じた場合、陽性と判断され、移植後に強い拒絶反応が予想されるので、移植は回避されていた。このテストと並行して、心臓停止と同時に臓器が摘出できるように摘出手術チームが編成される。

ＨＬＡの適合性のよいものから移植希望者リストに順位が付けられ、高い順に移植希望者の主治医にまず連絡が取られる。患者の現在の状況が調査される。移植が可能な状態であれば、次は移植希望者本人に連絡を取り、腎臓移植の機会が訪れたことを告げ、本人の最終意志確認が行われる。

本人が移植を望めば、移植が決定する。第一適合者が移植を拒否した場合は、その次に適合性のある患者に同じような打診がなされる。

移植が行われた病院は八施設だった。

社会保険中京病院、名古屋記念病院、小牧市民病院、市立岡崎病院、成田記念病院の五施設

は、大島とともに中京病院で、一九七三年の第一回移植から、移植医療の可能性を信じて、移植医療を推進してきた医師たちが配属されている病院でもある。名古屋市に二施設、尾張地区、東三河、西三河に各一施設で、愛知県全体を網羅するように配置されていた。

その他の三施設は、名古屋第二赤十字病院、名古屋大学病院、藤田保健衛生大学病院だった。

「移植医療の原則は、機会均等、公平、公正を保つこと。これは善意で提供される臓器が、摘出され移植されるまでの間に関わるすべてのシステム、それに関与する個人の恣意や利益のために絶対に利用されてはならない。そのためのシステムの構築が求められた」

一九九一年一月当時、愛知県内の慢性腎不全で人工透析治療を受けている患者は、五千九百二十人だった。それより二年前の一九八九年六月のアンケート調査では、調査対象四千六百五十四人の透析患者のうち、千七百二十一人（三七％）が、死体腎移植を希望し、さらにそのうち千三十三人（二二・二％）はできるだけ早い時期の移植を望んでいた。一方、県内で一年間に提供される死体腎はせいぜい五十から六十個程度だった。

「こうした需要と供給のバランスが極端に悪い状態では、様々な問題が予想された。臓器売買もその一つだし、権利、義理、人情などが、移植医療現場に浸透してくる可能性もある。そうしたものが入り込む余地のないシステム作りが求められた」

移植を行っている医療機関の間で七つの合意事項が成立した。

(1) 二腎とも同一病院では移植を行わない。

(2) 腎臓の摘出を行ったチームが一つの腎臓を移植する優先権を持つ。

(3) 腎臓の摘出は提供病院と移植病院が同一の場合にはその病院で行う。

(4) 提供病院が移植病院でない場合は、その病院と関連の深い、移植病院あるいは移植医が腎の摘出を行う。

(5) いずれでもない場合は所定の順番に従って移植チームが摘出を行う。

(6) 他の一腎については所定の順番に従って移植病院を決め、移植を担当する。

(7) 他県から腎の提供があった時には所定の順番で移植病院を決める。次に愛知県で提供があった腎は、提供を受けた県に一腎を提供する。

八施設の中で、脳外科、あるいは救命救急の医療現場で、力及ばず患者が救えないとわかり、患者の家族に臓器提供を持ちかける。その説得を了承して家族が臓器提供に応じると、一腎はその病院で移植を行い、もう一つの腎臓は他の七つの施設で順番に移植を行うことになる。

レシピエントは東海腎バンクに登録されている希望者の中から、ＨＬＡ、クロスマッチングの良い患者が選ばれる。この「愛知方式」が強力に進められた。

東海腎バンクが発足した一九七八年〜一九九一年六月までの間に合計三百八十一例の死体腎移植が行われている。

一九七八〜一九八九年は三百十九例で、同時期の日本全国の死体腎移植合計は千五百五十二例で、愛知県が二一％を占めている。死体腎移植を最も推進している県だった。

当時、愛知県内では二つのグループが移植を推進していた。

一つは、大島とともに中京病院で移植のトレーニングを積み、大島とともに腎臓移植の道を開いてきた若き医師らで、彼らは県内の各病院で移植のパイオニアとして活躍していた。

大島グループの死体腎移植を施設別にみると以下のようになる。

社会保険中京病院　八十八例
名古屋保健衛生大学病院　五十五例（藤田保健衛生大学病院の前身）
名古屋記念病院　八十三例（名古屋保健衛生大学病院の医師が移籍）
小牧市民病院　五十一例
市立岡崎病院　十五例
成田記念病院　一例
合計二百九十三例　（一九九一年六月末）

もう一つのグループは名古屋第二赤十字病院外科、名古屋大学病院、藤田保健衛生大学病院泌尿器科の三施設だ。愛知県内の移植はこれらの施設で行われてきたが、二つのグループがほぼ同じくらいの移植数を行ってきたことになる。

大学病院、設備の整った大病院以外での移植で、こうした大島グループのようなチームによる移植は他に例を見なかっただろう。死体腎移植の数としては、当時の日本ではトップを走っていた。

こうした腎臓提供が伸びた背景には、移植医、脳外科医、救命救急医との信頼関係が築かれていたことが大きく影響している。脳外科医、救命救急医の理解と協力が得られなければ、腎臓の提供は期待できなかった。

「『愛知方式』の問題点は、移植を受ける病院をレシピエントが選択できないという点にありました」

当時、東京都では、移植希望者は施設ごとに移植希望の登録をしていた。HLA、クロスマッチングテストを優先し、移植施設を決めれば、移植希望登録者の多い施設に移植腎は回される機会が増える。一方、施設を優先に考え、移植腎を順に回していけば、登録希望者の少ない施設の患者の方が移植チャンスは高くなる。

提供があった施設に一つの腎臓を、もう一つの腎臓を他の七つの施設に順に回し、そこで移植するという方式は、可能な限り、患者に等しく移植のチャンスが回って行くように、考え抜かれた方法だった。

「提供される腎臓は極めて少ない。その腎臓を配分するにはあの方式しか考えられなかった」

しかし、ＨＬＡ、クロスマッチングテストでレシピエントに選ばれても、移植病院がＡ病院と指定されると、Ｂ病院でそれまで慢性腎不全の治療を受けていても、Ａ病院で移植手術を受けなければならなかった。患者には自分の望んでいる病院で移植手術が受けられないという思いがくすぶっていた。

11　臓器移植ネットワーク

東海腎バンクが発足してから五年が経過した一九八三年、東海腎バンクと愛知方式は順調に機能した。それが死体腎移植数全国一位につながった。

移植を推進しようとする大島医師らとその仲間たちは、腎臓の提供をただ待っているのではなく、積極的に脳外科医、救命救急医を説得した。力及ばず救えなかった患者の家族に、脳外科医師、救命救急医から臓器提供の話を伝えてもらった。その結果、愛知県では死体腎移植が増えた。患者は自分が希望する病院で移植を受けられないという問題を含みつつ、一定の効果は上げていた。

一方、八〇年代に入ると、脳死の問題が医師レベルだけではなく、社会全般でも論議されるようになってきた。

――脳死状態。心臓が動いていても、脳が死んでいれば、それは人間の死だとする考え方だ。

脳死に関連する討論会に呼ばれ、大島は移植医としての意見を述べる機会が増えた。会場で賛否両論、怒号が飛び交うことも少なくなかった。

車椅子に乗る障害者と、その障害者に付き添うグループが会場前列に陣取っていた。

「お前らは人殺しだ」

脳死を法制化し、移植を推進しようとする患者団体やその家族に向けて罵声が飛ぶ。

「私たちは移植でしか生きる方法がありません。私たちに死ねというのでしょうか」

患者団体から悲痛な意見が出される。

「人を殺してまで、あなたたちは生きたいのか」

容赦ない言葉が浴びせかけられる。意見を述べた障害者は、脳死での移植を認めれば、障害者の臓器が摘出されてしまうと思い込んでいるようでもあった。

「脳死状態になり、人工呼吸器を付けてまで管理されたくないと思う人がいて、もしもそんな状態になったら、自分の臓器が他人の命を救えるのなら使ってほしいと考える人の臓器提供によって、移植医療は成り立つ。臓器提供などしたくないという人から、臓器を摘出することなどありえないし、あったとすればそれは犯罪です」

大島がこう述べても、端から意見を聞く雰囲気が参加した障害者とそのグループにはなかった。

こうした激しい議論を経て、臓器移植法案は継続審議になったり、廃案になったりしながらも、一九九七年「臓器提供に限って脳死を人の死とする」臓器移植法が成立した。

臓器移植法の成立を見込んで、最適な移植希望者が移植を受けられるようなシステムを構築しなければならなかった。そのために日本腎臓移植ネットワークが一九九五年四月に設立されていた。さらに一九九七年の臓器移植法の施行と同時に日本臓器移植ネットワークとして改組され、脳死後の臓器提供の対応が始まった。

愛知県で提供された死体腎も、日本臓器移植ネットワークの管理下に置かれ、全国の患者の中から最適なレシピエントに回されるようになった。

腎臓移植を推進してきたのは外科、あるいは泌尿器科の医師だ。大島が移植を志したのは、慢性腎不全患者の悲惨な状況を学生の時に目にしたからだ。泌尿器科医は慢性腎不全患者の治療に直接あたり、自分が担当する患者を救いたいという思いは当然強くなる。

臓器提供の現場では、ドナーの死後、腎臓を提供すると家族から承諾が得られたとしても、死亡する時間など誰にもわからない。提供者が亡くなった後、可能な限り早く腎臓を摘出して、レシピエントに移植する必要がある。臓器摘出に備えて常時病院に医師を待機させておかなければならない。数日から場合によっては一週間、十日とその病院に待機するケースも出てくる。

泌尿器科医としての通常の診療を行いつつ、一方でこうした摘出のための態勢を維持し、実際に提供されても、多くは泌尿器科の診療後に移植手術が行われることがほとんどで、多くは深夜に行われた。

しかし、臓器移植ネットワークが発足すると同時に、提供された腎臓は摘出した病院から手を離れ、臓器配分の公平、公正を保つために臓器移植ネットワークの管理下に置かれた。

大島はこのシステムに異議を唱えた。たとえ一時期、移植のチャンスに地域格差が生じたとしても、臓器提供が行われた地域の患者に移植されるべきだとした。つまり提供臓器を確保した病院に、移植の優先権が与えられるべきだと主張した。しかし、こうした大島の意見は少数だった。

どんなに臓器提供、確保に貢献しても、提供された臓器はすべて臓器移植ネットワークに吸い上げられ、臓器移植ネットワークに登録されている中から最適な移植希望者に移植された。愛知方式はやがて終焉を迎えた。（現在はレシピエントの選択基準にポイント制が導入され、臓器提供があった同一都道府県内の場合12点、同一ブロック内6点。HLAの適合度、待機日数、年齢などが考慮され、レシピエントが決定されるようになっている）

臓器移植ネットワークが発足した年、愛知県は四十一例の死体腎移植を実施していた。これは全国の約四分の一の移植を愛知県内で行っていたことになる。県内の移植医らによる脳外科医、救命救急医への懸命な働きかけがあったことは説明するまでもない。

愛知県内でどれほど多くの腎臓を確保しても、その腎臓が臓器移植ネットワークの管理下で全国の患者に配分され、県内の移植件数が激減するのは当初から予想された。

それは、臓器移植に熱心に取り組んでこなかった地域にも移植のチャンスが訪れ、移植希望登録患者を多く抱えている大病院に提供臓器が配分されるという結果にもつながった。

大島らは、臓器移植ネットワークから配分された移植臓器を従来の八病院の輪番制で移植を継続させ、愛知方式を継続させようと試みた。しかし、患者側からそれまでの不満が一気に噴き出した。

愛知県腎臓病患者連絡協議会がアンケート調査を行い、「移植を受ける病院は自分で決定したい」と七割以上が回答したのだ。愛知県内の約一千人の移植を待っている患者たちが「病院指定（輪番制）は患者の権利を侵害している」と声を上げたのだ。

愛知方式に異議を唱えた一人、山本登（日本移植者協議会前理事長）は当時をこう振り返る。

「大島先生が患者のためにどれほどの努力をされてこられたか、それは十分に承知しています。私たちの気持ちを伝える時には、正直なところ身体が震えました。すぐれた免疫抑制剤が開発され、日本の移植医療は世界水準といわれても、患者はやはり生命をかけて移植を受けるんです。信頼関係のある病院で移植を受けたいというのは、患者の権利だと思いました」

患者の多くは大島の古巣である名古屋市内の中京病院、名古屋第二赤十字病院での移植を望んでいた。

大島とそのグループは、一九七三年以来、大学病院という施設の整った病院ではなく、愛知県内の市中病院での移植を可能にしてきた。最高の技術で移植を行えるという自負があった。腎臓提供から摘出、そして移植までをやり遂げてきた。提供された臓器が移植ネットワークの管理に移ったとしても、ネットワークから配分される臓器もある。

移植実施病院を輪番制にすれば、移植医はこれまでのように、脳外科、救急救命に腎提供へ協力を求め、腎臓を確保できる。移植によって患者に貢献するという移植医の情熱を維持することにもつながる。

これに対して患者側から「自分たちが移植をしたいがために輪番制にするのか」と厳しく批判された。大島は移植医が移植医療で患者に貢献したいと思って、いったい何がいけないのですかと反論した。

しかし、愛知方式の継続は困難だった。一時は死体腎の提供数で日本一にまでなった愛知県だが、現在ではほぼ全国平均の提供数しかみられない。

12　先進医療

日本臓器移植ネットワークの成立は、愛知方式の終焉にもつながった。愛知方式ほど組織的ではなかったにしろ、移植に情熱を傾け、患者を救おうとしていた病院は各地方にもあり、医師もいた。当時、宇和島市立病院に在籍していた万波誠医師や瀬戸内グループの医師たちも同様に、移植臓器の提供を求め、提供された腎臓を慢性腎不全患者に移植していた。

しかし、日本臓器移植ネットワークの成立によって、移植に熱心な医師がいた地域、移植に取り組んできた病院ほど、相対的に移植件数が減ってしまうという皮肉な現実に直面した。

そうした現実に対して、宇和島徳洲会病院の万波誠医師と瀬戸内グループと呼ばれた医師たちによって、修復腎移植が進められたともいえる。がんや腎動脈瘤などによって摘出され、廃棄される腎臓を慢性腎不全の患者に移植していたのだ。

移植で最も生着率、生存率が高くなるのは生体腎移植だ。脳死、心停止から提供された腎臓がそれに続く。修復腎移植は生体と死体腎の中間の成績を上げ、第三の移植の道を開く可能性を秘めていると、彼らは主張した。

修復腎移植はもともと四十二件と分母が少ない。宇和島市立病院に限れば二十五件、一例でも死亡ケースや不生着が出れば、生存率、生着率が落ちるのは当然のことだ。特に宇和島市立病院二十五例は、一九九三〜二〇〇三年春までの十年間の古い症例だ。

多くのレシピエントは高齢、腎不全の他にも合併症を持っていた。移植してから一定程度の期間が経過すれば、移植した腎臓が廃絶するケースも出てくるし、レシピエントが腎臓とは関係ない疾病で死亡するケースもある。

また四十二例中十八例はみな二〜四回目の腎移植だ。貧困のために定期的に透析に通うこともできなかったり、透析入院から退院しても生活できなかったりする人もいた。

アメリカ・フロリダ大学の藤田士朗准教授（当時）が万波医師の行った四十二例の修復腎移植を詳細に分析した。生体腎移植、死体腎移植と比較しながら修復腎の正確なデータを公表した。

生体腎移植（八九七九例）、死体腎移植（三三七二例）、修復腎移植（四二例）のレシピエントの生存率は以下の通りになる。

一年生存率　　生体九五％　　死体九一％　　修復腎九二・五％

五年生存率　生体九〇％　死体八四％　修復腎七八・九％
十年生存率　生体八四％　死体七七％　修復腎六二・五％
生着率は以下の通り。
一年生着率　生体九〇・二％　死体七八・九％　修復腎七七・八％
五年生着率　生体七五・三％　死体六〇・六％　修復腎五〇・四％
十年生着率　生体五七・五％　死体四四・五％　修復腎三九・七％

修復腎移植では生存率、生着率ともに五年以降の成績は死体腎よりも劣るという傾向がみられる。その理由について、修復腎移植ではレシピエントの年齢が生体腎、死体腎移植のレシピエントよりも高齢であることが難波紘二広島大学名誉教授によって指摘された。難波名誉教授は医学博士（病理学）でもあり、万波医師、瀬戸内グループに対する非難の嵐の中で唯一、修復腎移植を「第三の道」として積極的に支持したことで知られる。

さらに四十二例中、初めての移植が十四例、二回目二十例、三回目六例、四回目二例だった。移植回数が増えれば、それだけ抗体反応が出る確率が高くなるのだ。

修復腎を提供したドナーの年齢も高齢である。生体腎ではドナーの約七五％、死体腎約八〇％が五十九歳以下だ。これに対して修復腎はドナーの約七五％が六十歳以上だ。

七十歳以上に限ってみれば、修復腎は四二・九％を占めている。一方、生体腎では四・三％、死体腎はわずか二・一％にすぎない。

レシピエント年齢の中央値が、生体腎で三十代、死体腎で四十代、修復腎で五十代であることにも注目した。このレシピエントの年齢差が生着率に関与していると考えられた。

そこで藤田准教授は七十歳以上のドナーから摘出された生体腎二百九十九例、死体腎五十四例、修復腎十八例を生着率を比較分析した。

その結果から「ドナーの年齢差を考慮すると、修復腎移植の成績は死体腎のそれと遜色ない」という結論を導き出した。（次ページグラフ参照）

それでも日本移植学会は万波医師らの修復腎移植を激しく非難した。

その先頭に立ったのが、当時の移植学会副理事長だった大島伸一だった。理事長の田中紘一は肝臓移植の専門家で、マスコミの取材は大島に集中した。「人体実験」「見たことも聞いたこともない医療」と激しい言葉で、大島は万波医師らを批判した。

医学発展のため、あるいは患者のためという大義の下に、医師や研究者の熱意が暴走した例はいくつもある。大島自身にも、苦い経験があった。無脳児から摘出した腎臓を子供の患者に移植した。大島はあれこそが人体実験だったと振り返る。

修復腎移植のレシピエントの生存率及び生着率

藤田解析

	正存率（%）			生着率（%）		
	1年	5年	10年	1年	5年	10年
生体腎移植	95	90	84	90.2	75.3	57.5
死体腎移植	91	84	77	78.9	60.6	44.5
修復腎移植	92.5	78.9	62.5	77.8	50.4	39.7

医療データの分析を専門とするメディカル統計社による
修復腎移植解析

	1年	2年	3年	4年	5年	10年
生存率（%）	約92	約92	約90	約86	約75	約65
生着率（%）	約78	約72	約70	約66	約50	約42

3種のドナー別腎移植後の生存率

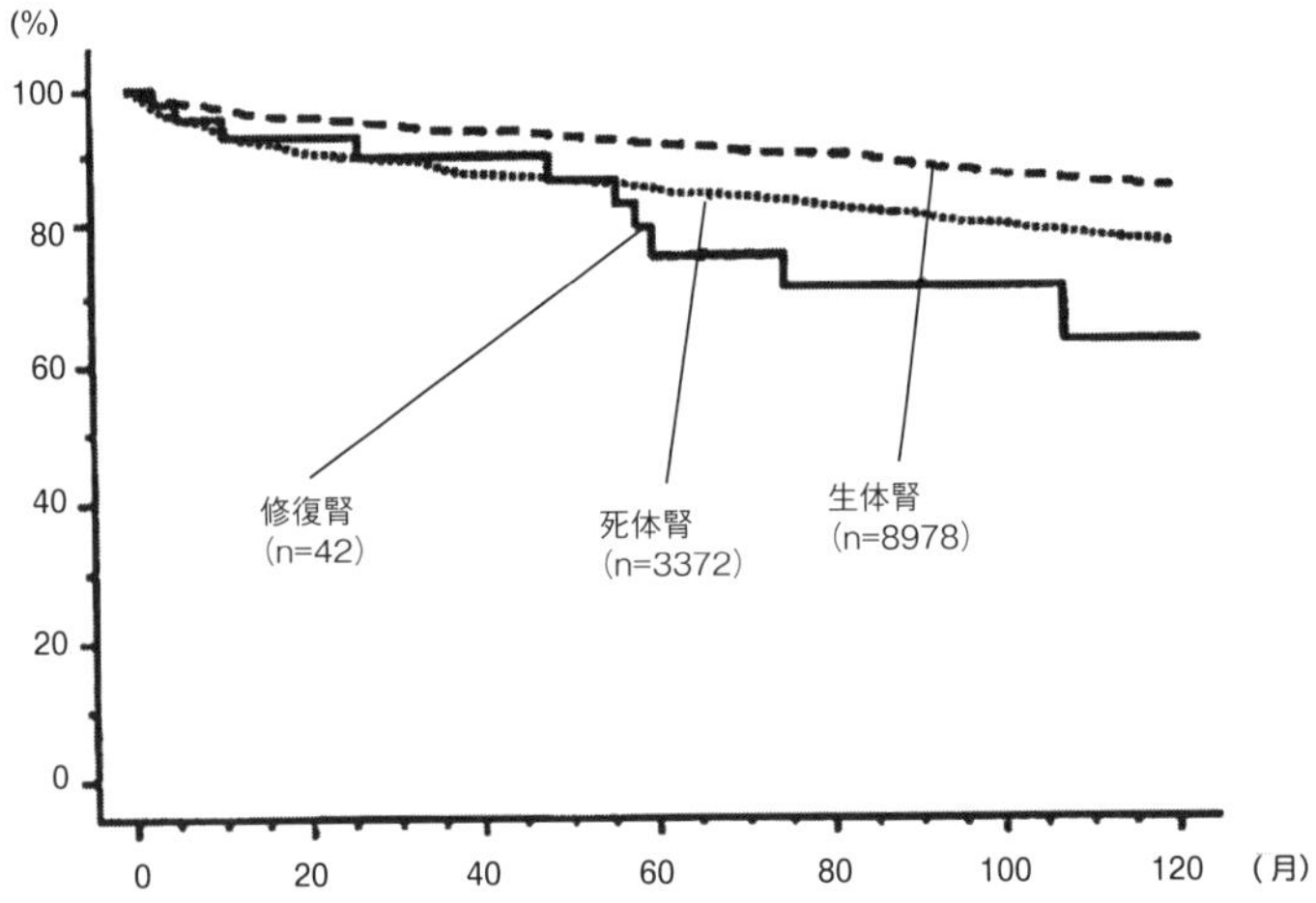

3種のドナー別腎移植後の生着率の比較

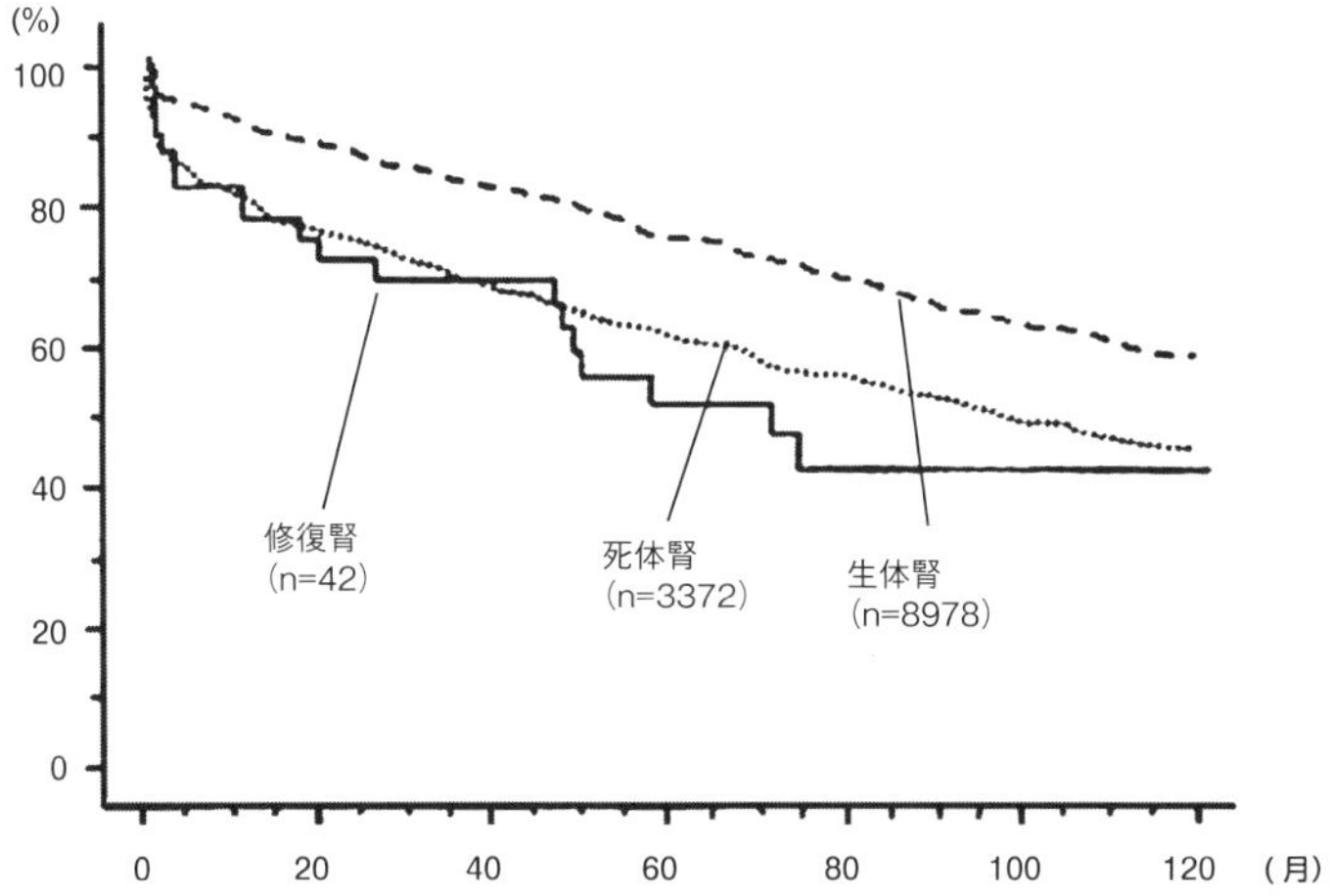

70歳以上のドナー生着率の比較

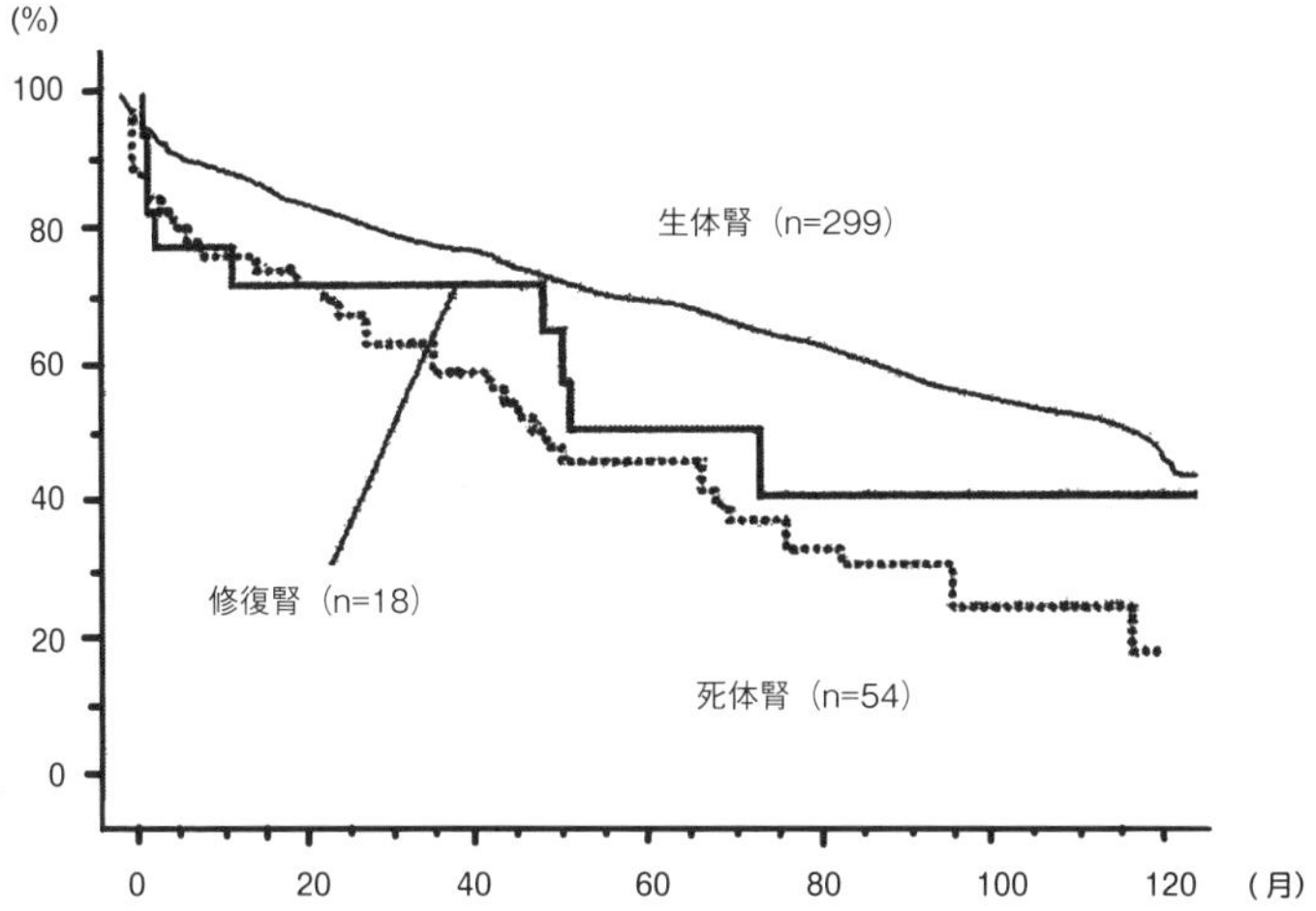

グラフの出典（3点とも）：「医学のあゆみ」vol.224 No.10（2008.3.8）

未知の医療にはどのような危険があるかわからない。倫理的な問題も生じる。実験的な医療を行おうとする医師には必ず守らなければならない手続き、手順が今は決められている。それは医学界の常識で、万波医師らはその手続きを欠いていた。

修復腎移植は明らかに実験的な医療で、そうした医療に取り組むには倫理委員会を通し、ドナー、レシピエントからインフォームド・コンセントを取り付けなければならない。その手続きを省略することは許されない。大島はそう主張したつもりでいた。

当時、大島は一時間以上にわたるテレビのインタビューを受けた。その中で「だからそういうのを人体実験と言うんだ」と言葉を荒らげた。そのシーンだけが切り取られ、センセーショナルに放映された。移植までの手続きに不備があったことを批判し、がんに侵された腎臓を未来永劫にわたって移植してはいけないとまでは主張してはいないと大島は当時を振り返る。

とはいえ「人体実験」という激しい非難は、移植学会副理事長の言葉として独り歩きをはじめ、社会に広がっていった。万波医師らを断罪し、レシピエントには、まるで動物実験のように見下されているように感じられた。

報道は必ずしも大島の真意を正確に伝えるものではなかった。しかし、その後の報道はさらにエスカレートし、留まることはなかった。がんを持った腎臓を移植したことから、「猟奇的犯行」「移植マニア」とまで報道された。修復腎移植が明らかにされたのは二〇〇六年十一月、大島は十二月にはすべてのマスコミ取材を拒否し、それ以降は「病腎移植の何が問題なのか」（「日本医事新報」二〇〇七年三月十日）で、自分の意見を記したきり、口を固く閉ざしてきた。

それでも修復腎移植への非難は高まるばかりだった。二〇〇七年三月三十一日、日本移植学会、日本泌尿器科学会、日本透析医学会、日本臨床腎移植学会の四学会が共同声明を発表した。後に日本腎臓学会も追随し、共同声明に名を連ねたのは五学会となった。その内容は「病腎移植を全面否定」するもので「現時点で医学的妥当性はない」と結論づけている。同年七月十二日、厚労省はこの「共同声明」を受けて「病腎移植原則禁止」の局長通達を都道府県及び政令指定都市の首長宛に通達した。こうして移植を希望している慢性腎不全患者はその機会を失った。

これに対して、修復腎移植を望む患者たちは、当時の移植学会幹部五人を裁判に訴えた。高松高裁まで争ったが、結局、二〇一六年二月患者側の訴えは棄却された。

大島はこの訴訟に激しく動揺した。慢性腎不全の患者のために、人生を賭して腎臓移植にまい進してきたという自負がある。激しい言葉となったが、修復腎移植への批判は慢性腎不全患者のためを思ってのことだった。

一九六八年、札幌で起きた和田心臓移植を医学界があいまいにしたため、日本の移植は三十年遅滞したとも言われている。日本の移植臓器の不足は、世界と比較すると際立っている。いまだに和田心臓移植への不信感が払拭されていないと指摘する者も少なくない。移植医療への不信感を拡大するようなことはあってはならないという思いを大島は強く抱いた。五人の被告のうちただ一人大島だけは高松高裁の証言台に立ち、自分の思いを述べている。

法廷での証言を傍聴し、取材を通じて感じたのは、大島医師の時には強い言葉となって現れた修復腎移植への批判は、ドナーが一向に増えないこの現状をこれ以上後退させてはならないという移植医の使命感からだったということだ。「人体実験」とまで言葉を荒らげた背景には、無脳児から腎臓を摘出し、慢性腎不全への子供に移植したことに対する自戒の念からだったと、私は思っている。

その後、大島は二〇〇七年に副理事長の任期を終え、移植の一線を離れた。現在は国立長寿医療研究センターの名誉総長に就任している。

13　臨床研究

宇和島徳洲会病院の万波医師らの修復腎移植は「原則禁止」に追い込まれ、唯一残されたのが、有効性、安全性を証明するための臨床研究としての修復腎移植だけだった。

宇和島徳洲会病院は〇九年十二月～一七年十月までに十八例（第三者間十三例、親族間五例）を臨床研究として、小径腎がんの修復腎移植を実施した。

宇和島徳洲会病院での臨床研究十五例目は二〇一五年三月に行われた。十五例目は極めて異例な形の移植手術だった。本来ならば兄（レシピエント）妹（ドナー）間の通常の生体腎移植として行われるべき移植だった。

東京女子医大附属病院で生体腎移植を受けようとしていたが、移植学会のガイドラインに抵触するという理由で、東京女子医大付属病院では移植を受けられなくなり、急遽、宇和島徳洲会に移植が委託されたケースだ。

レシピエントは会社役員の田中弘道さんで、彼は多発性のう胞腎で、感染症を引き起こして入院したのは二〇一一年のことだった。それ以後、腎機能は徐々に落ちていった。

二〇一二年春から週に一度、透析治療を受けるようになった。

それから一年後の二〇一三年春に再び感染症にかかり三ヵ月入院した。

「この時に腎機能を完全に失い、退院後は週三回の透析を受けなければならなかった」

当時は、年に数回は海外出張もあるポジションにいた。週三回の透析は仕事にも支障をきたすようになった。

「透析を受けた日は体調も悪く、五時間はベッドでじっとしているために背中や肩が凝り固まり、翌日にはマッサージを毎回受けるような状態でした」

二〇一四年には透析機器一式を自宅に運び入れて、在宅透析に切り替えた。在宅透析は治療をすべて自分の手でやらなければならないが、自分の生活スタイルに合わせ、都合のいい時間に治療を行える。透析回数も、時間も増やすことも可能になり、生命予後が良くなるとされ、水分摂取や食事制限も緩和される。

田中さんは平常通りに出社し、昼間は仕事に専念し、夜間の間に透析をするようにした。

「それでもやはり体力的にはきついものがありました」

在宅透析でも一時間ごとに血圧を測定しなければならない。睡眠が小刻みになり、十分な休息を取るのは不可能だった。在宅透析に切り替えても仕事に支障をきたすようになった。

「一回目の入院の時に、将来的には透析を受けるようになり、最善の治療法は移植しかないというのはわかっていました」

移植を具体的に考えるようになったのは、二回目の入院が契機だった。通常の業務をこなしていくには移植を受けるしかなかった。

最初に妻が腎臓を提供するということになり、適合検査を受けた。しかし、マッチングに問題が生じた。

妹の泉さんも二回目の感染症で入院している弘道さんの姿を見て、臓器提供を決意していた。

「四〇度以上の高熱でうなされている兄を見て、移植しなければすぐ死んでしまうように思えたんです」

彼女の決断は一瞬だった。迷いはまったくなかった。

「私の腎臓を使って」

弘道さんは在宅透析で仕事を続けたが、体力的には限界があった。

「体力は落ちていくばかりで、どうせ移植を受けるのなら早い方がいいだろうと決断し、二〇一四年の夏に移植のために東京女子医大を訪ねました」

しかし、適合性には問題はなかった泉さんの腎臓に、腫瘍が発見された。

「CT、エコー、MRI検査をして、告げられたのががんの疑いが極めて強いということでした。それを聞いた時は大変ショックでした」

と泉さんはその時の驚きを語る。

検査結果から推定される腫瘍は一センチ未満の小さなものだった。良性腫瘍なのか、あるいはがんなのか、生検をしなければ正確な診断はつかない。

「私の腎臓は移植することはできないのですか」

「がんの疑いが極めて濃厚で、東京女子医大では移植はできません」

医師から素っ気なく告げられた。

さらに医師の言葉が泉さんに追い打ちをかける。

「次に来られる時までに、生検を受けるか、あるいは腫瘍を切除する手術を受けるか決めておいてください」

生検をすれば良性か悪性かの診断はつくが、一センチ未満の腫瘍の生検は出血のリスクも高くなり、避ける傾向が強い。

泉さんが次に東京女子医大を訪れると、予想もしていなかったことを告げられる。

「うちでは移植手術はできませんが、宇和島徳洲会病院でなら臨床研究として移植は可能です」

宇和島徳洲会病院の名前を告げられた。

「臓器売買があった病院くらいのうろ覚えの記憶しかありませんでした。透析治療をしている病院の医師に聞いても、修復腎移植には倫理的な問題があったくらいで詳しく知っている様子もなかったし、修復腎移植についても具体的な説明はなかった」

弘道さんは宇和島徳洲会病院の名前が上がると、自分で修復腎移植について調べてみた。

「万波先生たちと臓器売買事件とはまったく無関係だったということもすぐにわかりました。それに東京女子医大の医師たちからも、妹の腫瘍が悪性であったとしても、それを切除して移植すれば、再発、転移の確率は極めて少ないというのは聞いていました。一％の再発、あるいは転移の可能性があり、実際そうなったとしてもそれは運命として受け止めるべきものだと思いました」

二人は宇和島徳洲会病院を訪ねた。

そこで十分な修復腎移植の説明を受けた結果、二人は移植を決意するに至った。

「万波先生たちにお任せしようと迷うことはなかった。透析を続けて働くことの困難さもあったし、再び感染症を起こしたらという恐怖感も常にありました。がんの再発転移の確率よりも、やはり透析なしで働くことができるというメリットの方がはるかに大きかった」

ドナーの泉さんの決断も揺らぐことはなかった。

「兄の腎臓は二つとも多発性のう胞腎、二つのエンジンが壊れてしまっている。兄弟なんだから、兄と私で仲良く一つずつ分け合って生きていけばいいと、ドナーになることを決断しました」

移植手術は三月十八日に行われ、弘道さんの体から二つの腎臓が摘出され、泉さんの修復腎が移植された。レシピエントは八時間に及ぶ手術だった。泉さんの腎臓に見られた九ミリ大の腫瘍は最終的にはがんではなく血管筋脂肪腫と診断された。

四月十日、二人を取材した。ドナーとなった泉さんは職場に復帰し、弘道さんは退院三日目で、出社を目前に控えていた。

「しばらく小便を出していなかったので、膀胱が委縮し、頻繁にトイレに通っていましたが、ようやくトイレに通う回数が通常に戻ってきました」

弘道さんは取材当時、ゲームソフトを開発しているＧｕｎＨｏの執行役員で、開発担当本部長を兼務していた。

「万波先生からは、退院した翌日から出社しても構わないと言われました。五月からは完全復帰するつもりです」

弘道さんは、透析から解放された喜びが表情に現れていた。移植を経験した多くの人たちが口にするのは、「透析と移植とではＱＯＬがまったく違う」ということだ。

「知人の中にも透析をしている腎不全の患者はいます。私たちはたままたこういう形でトントン拍子に移植までたどりつけましたが、修復腎移植のことを知らない患者も多いし、医師の中にもまったく知識のない方もいると思います。生体腎移植を受けようと決断し、実際にその段階になって、ドナーに腫瘍が見つかったというケースは、私たち以外にもあると思います。従来なら移植には不適ということで移植を諦めなければならない。でも、修復腎移植が先進医療に認められれば、宇和島まで行かなくても、東京にいても、あるいはその他の地方に住んでいても移植が受けられる。一日も早くそうなってほしいと思います」

弘道さんは無事に手術を終え、修復腎移植に寄せる思いを語ってくれた。

田中弘道さんのように、ドナーから腫瘍が発見された例は現実に起きている。それが学会でも報告されているのだ。

二〇一五年二月、名古屋で開催された第四十八回日本臨床腎移植学会で、「ドナー腎摘出時に判明した腎がんを部分切除後移植した一症例」が愛媛県立中央病院、衣山クリニックらの医師によって報告された。

移植手術は二〇一三年十一月に行われ、一年以上の経過観察の後に学会で発表されたものだ。レシピエントは六十代の男性、ドナーはその妻で四十代女性。

通常の術前検査を経て、移植に至った。ドナー腎を腹腔鏡手術によって摘出すると、造影C

Tに映らなかった七×五ミリ大の小さな腫瘍が腎臓の表面にあるのが肉眼で確認された。腎がんの可能性が疑われた。

腫瘍は切除され、同時に病理検査に回された。診断結果が出るまでの間に、待機している家族に説明が行われた。移植のために摘出された腎臓にがんが発生している可能性が高いこと、移植を取り止めることも選択肢の一つであることが告げられた。

さらにがんを切除した修復腎を移植しても再発転移の可能性は低いがゼロではない点、そして一般的には術前にがんが発見されていれば、ドナーの腎臓としては不適とされ、移植が不可能になるケースであることが家族に説明された。

その結果、最終的には家族は移植を希望した。

移植は継続された。摘出された腎臓からがんの病変が取り除かれ、断端面が陰性（がんの病変が残されていない）であることを確認後、移植が行われた。

レシピエント、ドナーに対して修復腎移植が行われた事実は、手術当日、翌日、五日後に説明が行われ、レシピエント、ドナーからそれぞれ了解が得られた。

術後一年経過したが特に問題はなく、発表に至ったのだ。

二〇一五年七月に行われた十六例目も、東京女子医大付属病院から宇和島徳洲会病院に回されたケースだ。夫から妻への生体腎移植で、通訳の仕事をしている島田道明さんに術前検査で小径腎がんが発見された。生体腎移植とはいえ、この段階で移植は不適応となってしまう。

このケースも、宇和島徳洲会病院が臨床研究として患者を受け入れ、元公明党の市会議員だった妻の久仁さんに、修復腎移植が行われた。

「透析をするようになったのですが、完治させるには移植しかないと言われ、夫と話し合って、夫から提供してもらうことになったんです。検査の段階で腫瘍が見つかり、告げられたのが『うちの病院では移植できません』でした。ただし宇和島徳洲会病院ならできますと説明を受け、万波先生を訪ね、移植手術を受けました。修復腎移植の有効性は身をもって体験しています。一日も早く修復腎移植が先進医療、一般の医療になってほしいと思います」

島田久仁さんはこう語った。

これまではがんにかかったドナーからの臓器移植は、がんがレシピエントに持ち込まれると考えられ、タブーとされてきた。しかし、免疫染色法と遺伝子検査法が進歩して、移植後に発生するがんがドナー由来かレシピエント由来かを明らかにすることが可能になり、ドナー由来のがんの発生率は極めて低いことがわかってきたのだ。

実は万波医師だけではなく、修復腎を積極的に用いて、腎不全の患者を救っていこうとする動きは世界各国で始まっていたのだ。シンシナティ大学は「移植腫瘍登録例」の中から小径腎がんを切除後に移植された十四例を発掘し、長期追跡したが「再発転移は認められなかった」と〇五年に発表している。アメリカ国内でも散発的に行われていた修復腎移植が公表されるようになった。

ドイツでは臓器移植法を二〇〇七年には改正し、「治療目的で患者から摘出された臓器」について、その患者に同意能力があり、移植に使用することについてインフォームド・コンセントを得ていれば、移植可能という条項を付け加えている。

万波医師と同規模で修復腎移植を推進してきたのはオーストラリア・ブリスベーンのデヴィッド・ニコル医師だ。彼は一九九六年~二〇〇八年までに五十五例の修復腎移植を行ってきた。

ニコル医師が一九九六年~二〇〇七年の間に直径三センチ未満の腎細胞がんの修復腎を移植した四十九例を論文発表したのは二〇〇八年。四十九例中、三例が移植とは無関係な病気で死亡、一例に九年後再発が見つかったが、その後十八ヵ月の経過観測では増大、転移は認められなかった。

ニコル医師はこの論文発表に先がけて、二〇〇四年五月、全米泌尿器学会でも小径腎がんの修復腎移植十八例について発表している。レシピエントは透析継続が困難な六十歳以上の患者。

追跡期間は六〜八十三ヵ月（平均三十五ヵ月、中央値三十八ヵ月）で、生着率、生存率はともに一〇〇％だった。

アメリカでも移植用の腎臓が不足している現実に、二〇〇八年にOPTN（臓器確保と移植ネットワーク）とUNOS（全米臓器提供ネットワーク）が共同でDTAC（ドナーがんの伝播に関する諮問委員会）を立ち上げた。そこで悪性腫瘍を持つドナーから悪性腫瘍が持ち込まれるかについて、研究が進められた。

その結果は「臓器移植におけるドナー伝達の悪性腫瘍：臨床的リスクの評価」としてナレスニク（ピッツバーグ大学医療センター）によって発表されている。この論文には十の医科大学と一つの大病院、UNOSの十三人の専門家も名前を連ねている。

小径腎がんの再発危険率を以下のように推定している。

直径一センチ……〇・一％未満

直径一センチ以上二・五センチ未満……〇・一〜一％

直径四センチ以上七センチ未満……一〜一〇％

EAU（ヨーロッパ泌尿器学会）の「腎移植ガイドライン二〇一〇年版」には「ドナー悪性腫瘍のレシピエントへの持ち込み」の箇所に、「小径腎がんの再発可能性は低いので、レシピエントのインフォームド・コンセントを得た上で、がんを部分切除した後に、腎移植を行うことができる」と明記されている。「英国移植学会・生体腎移植ドナーのガイドライン二〇一一年版」にもほぼ同内容の記述が見られる。

二〇一一年二月WHOも通達を出している。

「直径四センチ以下の小径腎がんは、がんの病変を部分切除し、その断端面にがん細胞がないことが病理学的に確認された腎臓は移植に用いても低リスクと考えられる」とし、レシピエントの十分なインフォームド・コンセントを得た上で、移植可能としている。

アメリカではすでに、ドナー、レシピエントからインフォームド・コンセントを得られれば、修復腎移植は病院単位で行われる通常の医療となっている。

さらにUNOSは二〇一五年十二月、新方針を打ち出した。「生体ドナー委員会」は「治療目的で摘出された臓器」を、それを必要とするレシピエントに提供するドナーを「治療的臓器提供者（TOD＝Therapeuti Organ Donor）」と呼び、TODとして、三つの疾患を上げた。

1　腎細胞がん（腎摘出後、移植前に腫瘍を切除したもの）

2　尿管の外傷（尿管切断）

3　メープル・シロップ尿症（肝臓ドミノ移植でもっとも多い肝臓ドナー）

こうした臓器を積極的に移植に利用して、患者を救っていこうとする姿勢を明確に打ち出した。

さらに二〇一八年に入り、これまで個別病院で実施されてきたＴＯＤを把握するために、「登録制による経過観察」を実施することを決めている。

こうした流れに何故移植学会は目を向けないのだろうか。

日本移植学会は相変わらず修復腎移植は「認められない」という方針を取り続け、「原則禁止」を貫いている。

この膠着状況を打ち破るためには、修復腎移植の臨床研究例を積み重ね、安全有効な医療であることを立証する必要がある。第一段階は先進医療、さらには一般医療として厚労省の認可を取り付けなければ、多くの透析患者を救うことはできない。

徳洲会は四百～五百万円といわれる移植費用を全額負担し、臨床研究例を積み重ねてきた。当然、修復腎移植を受けられる患者は限られている。せめて先進医療として認可されれば、患者の負担額は八十～百万円程度で移植が受けられるようになる。保険適用の医療となれば、さらに多くの患者に移植のチャンスが広がる。

修復腎移植は愛媛県宇和島から始まった医療だが、「原則禁止」に追い込まれ、世界の潮流から十年の遅滞を招いた。日本移植学会は、拳を振り上げてみたものの、下ろす機会を完全に見失った。この間に救えたかもしれない命がいくつも失われた。移植学会の責任は重大だ。

宇和島徳洲会病院が臨床研究として行った修復腎移植で、これまでにレシピエントからがんが発症した例は一例も確認されていない。

二〇一一年徳洲会は臨床研究八例を元に先進医療の申請を行った。

これに対して、厚労省が結論を出す日が迫った二〇一二年八月、日本移植学会など二〇〇七年の共同声明に名を連ねた関連五学会が、先進医療として認めないようにと要望書を厚労省に提出した。

結局、レシピエントの経過観測が一年では不十分とされ、修復腎移植は先進医療としては認められなかった。

14　空白の十年

二〇一八年七月五日、厚労省は先進医療会議を開き、万波誠医師らが進める修復腎移植を入院費など一部が保険適用になる「先進医療」として、正式に認可した。これによって条件さえ整えば、宇和島徳洲会病院、東京西徳洲会病院は先進医療として修復腎移植を行うことが可能になった。「原則禁止」から十一年の歳月が流れていた。

腎臓がんは八〇年代半ばからCT、MRI、エコーなどの診断技術の進歩によって、早期がんが発見されるようになった。四センチ以下の場合は病変部分を切除して、腎臓を残すことも可能になってきた。

しかし、悪性腫瘍が腎門部や腎動脈、腎静脈に近い場合、あるいは四センチ未満の小径腎がんであっても、腎臓内部に深く浸潤している場合は、患者の年齢など、パフォーマンスステータス（全身症状）、手術の肉体的負担を考慮すると、片方の腎臓が健常であれば、摘出した方が患者にもたらす利益が大きくなるケースも出てくる。万波医師らは、そうして摘出された腎臓を修復腎移植に用いていたのだ。

日本移植学会はそのガイドラインの中でこう述べている。

「医療の基本の立場から健常である生体腎移植ドナーに侵襲を及ぼすような医療行為は望ましくない、これを避けるべきである」

健康な身体にメスを入れる生体腎移植には消極的だ。しかし、現実は「避けるべき」生体腎移植が九割を占めているのだ。日本移植学会によれば二〇一五年、死体腎移植百六十七例に対して、生体腎移植は千四百九十四例に達する。

こうした厳しい移植の現状を背景に、生体腎移植、死体腎移植とも違うそれまでは廃棄されていた腎臓を再利用して、修復腎移植は進められてきたと言える。厚労省、日本移植学会がまったく想定していなかった術式だった。その修復腎移植が再開可能になった。

何故、がんにかかった患者からの移植が禁忌なのか。イスラエル・ペンの学説が移植に大きな影響を与えた。広島大学名誉教授の難波紘二医学博士（病理学）は、この問題が起きた当初から修復腎移植支持を表明し、彼の発信するメールマガジン「鹿鳴荘便り」などで、イスラエル・ペンの学説が見直された経緯を詳細に述べている。

アメリカのシンシナティ大学医学部のイスラエル・ペン教授は、一九六八〜一九九七年に行われたがんを持ったドナーからの移植二百七十例を調べ、百十七例に再発、転移があったと報告している。このペン教授の論文が「がん患者からの移植は禁忌」という根拠になっている。

難波紘二名誉教授は、ペンの学説についてこう述べている。

「実はこの学説が世界の臓器選択基準に大きな影響を与えた。しかし、ペンの学説は二〇〇〇年に入ってから崩壊していくのです。日本移植学会は古い学説に依拠したままで、世界の流れに目を向けていない」

ペンが死亡すると、後輩の医師らによって見直しが始まった。カウフマン博士はＵＮＯＳの疫学者だ。カウフマンは一九九四～二〇〇一年まで七年間の全米臓器共有ネットワークの登録データを調査し、二〇〇二年、「Transplantation（七四巻二号）」に「移植腫瘍登録：ドナー関連悪性腫瘍」という論文を発表した。

三万四千九百三十三人の脳死ドナーとその臓器を移植された十万八千六十二人のレシピエントについて調査が行われた。

その結果、十五件はドナー臓器によるがんの持ち込みが確認され、六件は移植後ドナーの血液細胞ががん化したものだった。これはドナー臓器に含まれるリンパ球などの白血球ががん化して、白血病や悪性リンパ腫が発生するもので、健康な臓器を移植した場合にも起こりうる。

十五件の持ち込みケースは死亡率が四六％、後者の場合死亡率三三％になるが、全体でみればドナー関連の腫瘍による死はわずかに八件にすぎない。

「アメリカではドナー関連腫瘍は極めて少ない。移植待ち患者の死亡率を比べると、ドナー関連腫瘍死亡率も極めて低い」と結論づけ、「移植待ち期間中に死亡する患者のリスクと移植器官にがんが発生するリスクの双方をよく考慮して判断する必要がある」とカウフマン博士は主張した。

さらにアメリカでは悪性腫瘍を持つドナーから悪性腫瘍が持ち込まれるかについて研究が進められた。その結果は「臓器移植におけるドナー伝達の悪性腫瘍：臨床的リスクの評価」として発表されたのが前述のナレスニクによる論文だ。

難波紘二医学博士によれば、こうした論文が発表される背景には、免疫染色法と遺伝子検査法が進歩し、移植後発生したがんがドナー由来かレシピエントに由来するものなのか、明らかにすることが可能になったからだという。

こうした世界の趨勢は国際移植学会にも大きく影響を与えている。

二〇一三年十一月二十一日から三日間、オーストラリアのシドニーで国際移植学会の分科会である第十二回ＩＳＯＤＰ（世界臓器提供・調達学会）が、世界四十ヵ国から約一千人の医師が参加して開催された。ＩＳＯＤＰ学会のチャップマン（Chapman）会長は「悪性腫瘍」に関するＷＨＯの専門部会で座長を務め、基調講演でＷＨＯの安全基準として明示されている移植臓器によるがんの持ち込みについて解説した。

「直径四センチ以下（ステージpT1a）の小径腎がんで、なおかつファーマン分類（病理学的分類）Ⅰ、Ⅱの場合、がんの病変を部分切除し、その断端面にがん細胞がないことが病理学的に確認された腎臓は移植に用いても低リスクと考えられる」

基調講演はWHOの現在の安全基準では、四センチ以下の小径腎がんについては、修復腎移植が可能だということをISODPの参加者に改めて周知徹底させたものといえる。


しかし、日本の現実は相変わらず移植学会は崩壊したイスラエル・ペンの学説にしがみつき、誤りを訂正しようとはしない。

私が万波誠医師を取材したのは、二〇〇七年十一月だった。決して雄弁とも流暢も言えない、彼の説明に耳を傾けてきた。取材を継続する中で疑問に感じたのは、移植学会は何故これほどかたくなに、修復腎移植に反対するのだろうかということだった。一つは、一地方の医師が世界的に脚光を浴びる業績を収めたことに対する、医師特有の嫉妬があると指摘する者は多い。

瀬戸内グループの一人、光畑直喜医師は「小径腎がんと下部尿管がんは移植腎ドナーになりえるか」という論文を「Transplantation」（二〇〇七年六月十五日号）に発表し、瀬戸内グループの修復腎移植は世界の注目を浴びた。

二〇〇七年六月にドイツのエッセンで開催された「第三回国際生体臓器移植シンポジウム」では、瀬戸内グループ四十二例の修復腎移植について、万波誠、万波廉介、西光雄、光畑直喜、そして難波紘二らの連名で演題を提出し、フロリダ大学の藤田士朗准教授が講演した。

〇八年一月に開催された「米国移植外科学会・冬季シンポジウム」では万波誠医師自らが四十二例の修復腎移植について発表した。この論文は「優秀論文トップテン」の一つに選ばれた。さらに二〇一一年アルゼンチンで開催された「国際臓器提供調達委員会」で優秀論文、二〇一二年タイ開催のアジア泌尿器科学会で最優秀論文に選ばれるなど注目を浴びている。

日本国内の評価とは裏腹に、修復腎移植は海外で脚光を浴びていた。移植学会にも加入していない医師が、しかも大学病院でもなく、先端医療の行える施設が整った大病院でもない愛媛県の一病院で、世界的に賞賛される実績を上げていたのだ。日本移植学会が最も忌避したかった事態が海外で起きていたのだ。

移植を開始した頃の万波医師に、移植の指導にあたった福田康彦医師（現尾鍋病院院長）は修復腎移植をめぐる騒動についてこう述べている。

「日本の外科系移植医の多くは、肝移植の始祖スターズル教授（ピッツバーグ大学）に教えを受けていますが、スターズル教授は生体移植に批判的で、その影響で肝移植は脳死からと思い込んでいたわれわれは、まったく移植に関与していなかった末永直文先生（島根大学）や、京大グループの生体肝移植によって先を越され、その無念さを昨日のように思い出しますが、その時嫉妬の気持ちも味わいました。しかし、われわれは生体肝移植の価値を潔く認め、今日の隆盛に寄与してきました」

福田院長は「嫉妬」を厳しく戒めている。

一九六〇年代までは、慢性腎不全患者は発症すれば一週間〜十日ほどで死亡する不治の病だった。一九七〇年代に入り、透析医療が輸入され、少し遅れて移植が始まった。透析医療と移植は、慢性腎不全患者治療の両輪と言われてきた。

しかし、日本の場合、両輪は極めて歪んだ形で発展してきた。一九九七年に臓器移植法が施行され、二十年が経過するが、一向に臓器提供数は増えない。一方、現在透析患者数は約三十二万五千人。透析患者は一級障害者と認定され、年間約五百万円の医療費がかかり、すべて国費で賄われている。

野村正良「えひめ移植者の会」会長が語る。

「修復腎移植の機会を奪われ、私たちは当時の移植学会幹部を訴え、高松高裁まで争いましたが、私たちの主張は残念ながら認められませんでした。現実的には、透析患者の中には、透析医から移植についてまったく知らされない患者もいれば、移植など必要ないと相談にさえも応じてもらえなかった患者もいます。原告団に加わろうとした透析患者に、『訴訟を取りやめろ』と迫った医師さえいます」

患者にとって本来は両輪であるべき治療法が、一部の心ない医療関係者にとっては、利益相反の治療法になっているのだ。移植医療の拡大は透析医療をしぼませる。透析市場は年間二兆円市場と囁かれ、透析患者を多く抱えることは病院の安定経営につながる。ここにも移植拡大を阻む理由が潜んでいるように思える。

修復腎移植を先進医療に認可するかどうかを審議する技術審査部会を二度傍聴した。しかし、審議会では、がんが持ち込まれるかどうかの肝心の議論はなされていない。腎移植の経験のない泌尿器科の斎藤忠則医師が、小径腎がんは部分切除が標準治療で全摘になる腎臓はないだろうとしきりに述べていた。その理由は腹腔鏡手術が一般化し、さらにはダ・ヴィンチ（手術支援ロボット）による手術が保険適用になったためだとされる。

果たしてそうだろうか。厚労省が「都道府県・地域がん診療拠点病院及び国立がん研究センター（計三百八十八医療機関）」を対象に行った「小径の限局性腎腫瘍状況に関するアンケート結果」では、二〇一一年の小径腎がんの手術数は千四百四十九例で、そのうち六百四十四例、四六・七％が全摘出になっている。

修復腎移植の調査に、病理学会から加わった堤寛藤田保健衛生大学教授（当時）は「結論が先にありき」だったとして、結局、二〇〇七年三月三十一日の四学会共同声明に名前を連ねることはしなかった。

後に堤教授は広島県医師会の「腫瘍組織登録制度」データを元に、腎細胞がんの全摘、部分切除の比率を分析した。広島県人口比から日本全国の腎細胞がん手術による全摘出件数を割り出し、さらに腎動脈瘤、尿管狭窄の修復腎が利用できれば、毎年二千件程度（二〇〇七年当時）の修復腎移植が理論上可能になるとした。

確かに腹腔鏡手術が一般化し、ダ・ヴィンチによる手術がさらに普及すれば、こうした数字は減っていくことは十分に予想される。

しかし、現在、日本では腎移植までの待ち時間は平均十五年間。一方で慢性透析患者の五年生存率は六〇％、十年生存率は四〇％、移植を待ち望んでいる間にほとんどの患者が亡くなっているという厳しい現実がある。毎年新たに約三万七千人が透析治療を受けるようになる一方で、約二万七千人が死亡している。

先進医療の認可について野村会長が続ける。

「私は透析、死体腎移植、妻から提供してもらい生体腎移植も経験しています。十八年前に万波先生と相談の上、ネフローゼ患者の腎臓を移植し、現在も生着し、普通の生活を送っています。私のような患者は、修復腎移植に望みを託すしかないのです」

移植された腎臓が二十年以上生着するケースもあれば、数年で廃絶してしまうこともある。万波医師らが行った四十二例の修復腎移植は、初めての移植が十四例、二回目二十例、三回目六例、四回目二例だった。多くは生体腎移植も、脳死、心停止からの献腎移植も不可能と思われる患者に修復腎移植を行っていたのだ。

野村会長とともに「移植への理解を求める会」を立ち上げた向田陽二理事長も、先進医療認可に「希望が出てきた」と語る。

「会員の中には、修復腎移植を望みながら、この十年の間に亡くなっていった方もいます。もう一度教壇に立ちたいと願いながら死んでいった教師もいました。移植学会は相変わらず修復腎移植に反対のようですが、死体腎移植は少なく、一人でも二人でも、私たちは移植を望む患者には修復腎移植の道を開いてほしいと思っています。あらゆる情報が開示され、その上でどの治療法を選択するのか、最終的な決断は私たち患者自身にさせてほしいと思っています」

先進医療として認可された日は、くしくも万波誠七十七歳の誕生日だった。万波は先進医療認可を冷静に受け止めていた。

「これからドナーをどのように確保していくのか、問題は山積みになったままです。明日からすぐに再開というわけにはいかないでしょう」

修復腎移植再開には、腎臓が継続的に機能しない例が四例出た場合は即刻中止になり、腎臓摘出、移植などの妥当性を移植学会の専門医らが確認する条件が盛り込まれている。

二〇〇八年二月に「修復腎移植を考える超党派の会」が結成され、同会は五月には「修復腎移植を認める」という見解を表明している。愛媛県選出の山本博司参議員議員（公明党）は、同会設立当初から修復腎移植問題にかかわってきた。

「地元で慢性腎不全の患者さんたちの声をたくさん聞いてきました。万波医師の実像がずいぶんと歪められて報道されてきたような印象を持っています。超党派の会が結成されて十年です。ようやく再開への道筋が見えてきたと思います。これからも透析患者の命が一人でも救われるように、支援は続けていきたいと考えています」

移植は誰のための医療なのか。移植学会は冷静に、そして謙虚に考えてみるべきではないだろうか。これ以上世界的な流れから遅れるようでは、移植医療そのものへの不信感を招くだけだろう。

一線を離れて久しい大島伸一医師は、今回の認可をこんな思いで見つめている。

「医学の進歩は日進月歩で、それまで認められていなかった医療が、想定外の論文が発表され、今までの常識が覆ってしまったということはこれまでにもしばしば起きている。厚労省が修復腎移植を先進医療として認可した以上、日本移植学会はいたずらに反対したり、批判したりするのではなく、現時点での医学的判断を明確にするとともに、移植臓器が圧倒的に不足しているこの現実をどうすべきかを考えるべきではないか。そして政治・行政判断というのは、医学的判断を基本にしながらも、必ずしもそれだけを根拠にするのではなく、国民全体の利益という観点から総合的に判断されるものであるということも理解しておく必要があるだろう。また医学的論争は専門家内で行われるべきもので、その論争に第三者や社会が介入すべきではないと思う」

宇和島徳洲会病院は〇九年十二月～一七年十月までに十八例（第三者間十三例、親族間五例）を臨床研究として、小径腎がんの修復腎移植を実施。これまでにレシピエントからがんが発症した例は一例も確認されていない。

先進医療認可にともない厚労省は臓器移植法の運用指針に記載されている「病気腎移植」「医学的に妥当性がない」という表記を削除した。

15　渡航移植

心停止、脳死による臓器提供は減少し、移植チャンスはますます減っている。日本国内の腎移植手術は後退するばかりだ。この間隙を埋めるようにして実は海外での移植に活路を求める腎不全患者もいる。

世界各国で移植用の臓器は不足している。そのために二〇〇八年の国際移植学会で「移植が必要な患者の命は自国で救える努力をすること」という主旨のイスタンブール宣言が出された。「臓器取引と移植ツーリズム（臓器そのもの、ドナー、レシピエント、または移植医療の専門家が、臓器移植の目的のために国境を越えて移動すること）は、公平、正義、人間の尊厳の尊重といった原則を踏みにじるため、禁止されるべきである。移植商業主義（臓器を商品として取り扱う方針や実践のこと）は、貧困層や弱者層のドナーを標的にしており、容赦なく不公平や不正義を導くため、禁止されるべきである」

しかし、現実的には海外で移植手術を受ける患者も少なくない。

「肝臓がんと診断され、医師からは余命半年の宣告を受けていました。こちらは命がかかっている。症状は日々悪化していく。いつ提供されるかもわからない日本臓器移植ネットワークに頼ってなんかいられません。あの時、中国での移植を決意しなければ、今私は生きていませんん」

臓器移植ネットワークによれば、肝臓移植登録希望者数三百四十人（二〇一八年十二月末現在）に対し、二〇一八年の移植件数は六十件。待機時間は一年四ヵ月である。

五年前、小野田忠さん（仮名・五十二歳）は中国に渡り、肝臓移植を受け、健康を取り戻し、現在は大阪で包装用紙専門の販売卸業を営んでいる。

斉木輝雄さん（仮名・五十二歳）も同じ時期に中国で腎臓移植を受けた。斉木さんの父親は四十六歳で慢性腎不全を発症、透析治療を受けていたが、透析開始後十年で死亡した。

二〇一六年、透析治療を導入した患者は三万九千三百四十四人、その一方で三万千七百九十人もの患者が死亡している。

根本的な治療法は腎臓移植だ。

「移植しなければ、父親と同じに十年後は死ぬんだと思いました」

現在透析療法を受けている患者数は三二万九千六百九人（日本透析医学会・二〇一六年十二月末）、臓器移植ネットワークによれば、腎臓移植希望者一万二千百五十人（二〇一八年十二月末現在）、これに対して一八年に脳死、心停止による献腎で移植を受けられた者はわずかに百八十二人。

「臓器移植ネットワークに登録しましたが、待機時間十五年と聞かされ、待っている間に私は確実に死ぬと思いました」

もう一人、漆原大介さん（仮名・五十七歳）もやはり中国で腎臓移植を受けた。電気機器メーカーの社長だ。

「私は臓器移植ネットワークに登録もしていません。最初から献腎移植は諦めていました。生きるためには海外での移植以外に考えられませんでした」

三人は同時期に中国天津にある第一中央病院東方移植センターで移植手術を受けた。

一部には脳死からの提供もあるが、ドナーの多くは死刑囚、あるいは「良心の囚人」、中国の気功の一つ法輪功関係者だと言われている。

三人は中国での臓器斡旋を扱う共通の移植コーディネーターに移植手術を依頼、腎臓は二千万円、肝臓は「マンション一つが買える費用」を支払っている。肝臓は三千万円台だと思われる。

こうした高額の移植費用を払ってでも中国に渡るのは、日本では移植の機会がないからだ。

岡山大学（当時）の粟屋剛教授（生命倫理学）は、中国での移植ツーリズムについて調査を一九九五年から開始している。日本人患者、海外渡航移植援助業者（通訳・サポート業者ないしは仲介業者）らと中国を訪れ、現地調査を行っている。その調査結果を下に、アメリカ連邦議会（下院）公聴会で証言、意見陳述も行ってきた。

粟屋教授は調査の目的についてこう述べている。

「臓器摘出対象とされる死刑囚等に人権があるように、自国内で移植が受けられずに外国に出向く患者にも人権がある。前者が国家権力下の弱者なら、後者は医療権力の下の弱者である（特に日本の場合）。（略）

選択肢のない患者に『座して死を待て』と言うことが真の倫理とは考えられない。さらに言えば、このような倫理的・法的、社会的問題に真っ向から取り組まなければ生命倫理（学）の存在意義は消失すると思われる」

日本人レシピエントに対するアンケート調査は継続的に実施され、二〇一四年三月末時点で、有効回答四十一通、二〇一五年二月十八日時点で五十五通にのぼる。

年収一千万円未満のレシピエントが六割近くを占めている。多大な犠牲を払って中国での移植に臨んでいる事実をうかがわせる。

三人が多大な犠牲を払ってでも、中国での移植に踏み切るには切実な事情がそれぞれにある。

斉木さんは父親だけではなく、おばも透析治療を受け十年後に死亡している。いとこにも透析患者がいる。

「透析の限界のようなものは早くから知っていた。だからなるべく透析を導入するのを先送りにしてきた」

手術年	
1989年以前	0%
1998年以前	6%
1998～2002年	4%
2003～2007年	20%
2008～2012年	43%
2013年以降	27%
年収（レシピエント）	
500万円未満	23%
500万円以上1000万円未満	33%
1000万円以上1500万円未満	19%
1500万円以上2000万円未満	2%
2000万円以上	23%
手術金額	
500万円未満	8%
500万円以上1000万円未満	44%
1000万円以上1500万円未満	25%
1500万円以上	23%
仲介料	
100万円未満	8%
100万円～500万円未満	29%
500万円以上1000万円未満	31%
1000万円以上	32%

（2015年2月18日時点　アンケートデータ55人）

食事を制限し、薬だけで満腹になるほどの量を服用していた。肌はカサカサに乾燥、爪はボロボロの状態。

「身体中に斑点が出てきて、それが大きくなり傷んだ桃のようになって広がっていった。亡くなった父親の姿とまったく同じ状態だった」

臓器移植ネットワークから提供される献腎を待っている余裕などない。当然生体腎移植を考えた。ドナーを誰にするのか。


妻は最初からドナー候補から外した。

「いくら夫婦だからといって妻の意志も尊重しなければならないと思った。それに子供の将来も考えた」

いくら日本の移植医療は世界のトップレベルとはいえ、まったく不安がないわけではない。父親が倒れ、臓器を提供した妻までも体調不良になれば、誰が二人の子供を育てるのか。

「それに……」

将来、万が一にも子供にも自分と同じ症状が出た時、誰が腎臓を提供するのか。それを考えると、妻にドナーになってくれとは決して頼めない。

七十歳を過ぎた母親が健在だった。母親を説得し、一緒に東京女子医大附属病院を訪ねた。

移植のためのHLA、血液型が検査された。マッチングには何の問題もなかった。一時は提供に同意してくれた母親だったが、土壇場でその意志が翻った。

「もう少し元気で長生きして、孫たちの成長を一年でも長く見守りたい……」

母親からの臓器提供は暗礁に乗り上げた。

〈あなたの孫を一人前に育てるために、俺にはオフクロの腎臓が必要なんだ〉

そんな言葉が喉まで出かかった。必死にそれを呑み込み、新たな移植の道を模索するしかなかった。

インターネット上に二つの海外渡航移植の斡旋NPOがHPを立ち上げていた。最初に訪ねたNPOに斉木さんは違和感を覚えた。

「長年商売をしていると詐欺師もやってくる。そうした経験から、ここは怪しいと直感しました」

NPOの部屋の中には、スチール製ロッカー、机が置かれていたが、段ボールがいくつか部屋の隅に積み上げられていた。

「すぐに事務所を引き払って引っ越しができるような雰囲気だった」

二ヵ所目のNPO・Nを訪ねたのは五月だった。事務所に水槽が置かれ、熱帯魚が泳いでいた。水槽にはコケが付いていていた。

「信用できると思った」

斉木さんはそこのＮＰＯのＫ代表から説明を受けた。移植費用は総額二千万円、往復の旅費、中国での滞在費、移植にかかる医療費、すべてが含まれている。ドナーは脳死からの提供もあれば、死刑囚から提供される場合もある。

死刑囚から提供される場合、本人そして家族の同意を得てから行われ、死刑囚の家族にも高額な謝礼が払われるという説明を受けた。

移植までの待機期間は二週間程度。指定された都内の病院でいくつかの検査を受けた。その前に一時金として七月に五百万円をＮＰＯに振り込んだ。

「その年の夏は代謝が悪くなっていて、尿の量も少ないし、汗もかかなくなっていた」

九月末に入り、Ｋ代表から連絡が入った。

「すぐに北京に飛んで」

斉木さんは一人で成田空港から北京に向かった。

「もしかしたら生きて日本の土は踏めないかもしれないという不安は当然ありました」

しかし、移植するには中国に行くしかなかった。残金は訪中直後に妻がＮＰＯに送金した。

自宅を出る時、母親が不安そうに言った。

「ホントに大丈夫なの……」

〈オフクロが提供してくれないからこういうことになってんだよ〉と、喉まで出かかった。

「しばらくは家族の人間関係はギスギスしたというか、殺伐した雰囲気にどうしてもなってしまう。自分の寿命というか、死期が見えてくると、そういう気持ちになってしまう」

北京空港にはK代表が待っていた。

「肝臓移植を受けた患者が亡くなったばかりで、大変なんです」

最初に聞かされたのは、三ヵ月間待機し、ようやく肝臓移植を受けた患者が死亡したという知らせだった。ＮＰＯ・Ｎを通じて移植を受けようとして訪中していたのは斉木さんだけではなかった。

「待機している日本人が五人くらいいたと思います」

移植を希望する患者は、臓器が出るまで天津市内のホテルに宿泊する。そのホテルには日本食のレストランがあり、和食を摂ることができた。ここで斉木さんは、漆原さん、小野田さんと知り合うことになる。

「患者同士でいろいろ情報を交換し、中にはお金だけだまし取られた人もいれば、中国人と養子縁組をして生体移植を受けさせてやるといった斡旋団体に引っかかった人もいて、すでに実績を上げていたＮＰＯ・Ｎにようやくたどり着いたという患者もいました」

「すぐに出る」と言われて訪中したが、それからが長かった。肝臓移植を待つ小野田さんは八月に、漆原さんは斉木さんより数日早く訪中していた。滞在費は長期になっても、支払った移植費用の中にすべて含まれている。

「患者には一人ひとり通訳が付き、トラブルが起きた時や病院との対応にあたるようになっていた」

二週間が経過しても三週間が経過しても、通訳から何の連絡もなかった。結局、斉木さんも漆原さんも、天津のホテルで二ヵ月間待機状態になる。

漆原さんは長年の糖尿病から透析治療を受けるようになった。透析を導入したのは二〇一三年三月だった。

「透析を受けながら、なんとか会社経営をとも考えましたが、一日おきの透析ではとても無理。海外出張にも出られない。国内の移植は待機時間が十五年だというのを知り、私は即座に渡航移植を決意しました。」

漆原さんは海外での移植を考え、いくつかの斡旋団体を訪ね歩いた。NPO・Nは三つ目の斡旋組織だった。

「私が社長を務める税理士事務所と同じ事務所がNPO・Nの経理も担当し、きちんと税金を収めている団体だというのを知り、それで信頼しました」

すでに透析を導入していた漆原さんは、一日おきに病院に通い、透析を受けなければならなかった。

「透析を受けている時は通訳が付かないので、こちら側の意志を伝えるのが困難でずいぶん苦労しました」

透析治療を受けた翌日は比較的身体は自由になる。斉木さんと一緒に天津市内の観光をし、万里の長城も見学した。緊急連絡に備えて渡された携帯電話を常に所持していた。いくら待っても電話はかかってこなかった。

しかし、漆原さんより先に天津入りしていた患者は移植を受け、元気になって帰国していていく。その姿に励まされた。

漆原さんに移植の機会が回ってきたのは十月末だった。

「ちょうど結婚記念日でした」

脳死からの提供なのか、死刑囚から提供されたものなのか、漆原さんはあえて聞こうとはしなかった。ただ、病院側から告げられたのは、三十七歳の男性から提供された腎臓ということだった。それだけで十分だった。漆原さんが日本に帰国したのは手術から二週間後だった。

漆原さんが元気になり、日本に帰国するのを見送った数日後の午後三時、今度は斉木さんの携帯電話が鳴った。

「どこにいますか」通訳からだった。「病院に早く来てください」

声から緊迫した様子が感じられた。荷物をまとめてホテルをチェックアウトした。ホテルから病院までタクシーで十五分程度。午後五時に病院に着いた。

午後八時には手術室に入った。

「二ヵ月は長かったけれど、十五年待つよりはずっといい」

先に移植を受けた患者に手術について尋ねた。

「目が覚めたらＩＣＵのベッドに寝かされていた」

それぞれがそう答えていた。

元気な時はよく酒を飲んでいた。父親から酒を飲んでいると麻酔が効かないという話を聞かされていた。その話がふと脳裏をよぎった。七つまで勘定したのは覚えている。

斉木さんは手術の途中で意識を覚醒する。目を開けると、手術室でＩＣＵではなかった。麻酔が切れてしまったことを訴えようとしたが、口には呼吸器を挿入され、声が出ない。すぐに麻酔医が気がつき対応し、再び意識を失った。

午前七時頃、ＩＣＵで目を覚ました。手術には十数時間かかったと通訳から聞かされた。

「最初に尿袋を確認した。出ていたのは血尿だったが、それでもうれしかった」

手術から一週間で斉木さんは退院し、十日目には日本の土を踏んでいた。

中国を離れる時、二人は三週間分ほどの免疫抑制剤を処方された。

せっかく移植手術を受けても、レシピエントは免疫抑制剤を服用しなければ、移植臓器は廃絶に追い込まれる。

中国で移植手術を受けた患者がどれくらいいるのか、実態はつかめていない。しかし、医療現場では、中国で移植を受けたレシピエントをめぐって多くの混乱が生じている。

共同通信が、中国で腎臓移植を受けた患者が診療拒否に遭ったというニュースを配信した。

「『海外で臓器移植した患者は受け入れない』との内規に基づき浜松医大病院（浜松市）が診療を拒んだのは、正当な理由がない限り診療を拒んではならないと定めた医師法に違反するとして、中国で腎移植を受けた静岡県掛川市の男性（六十六）が、大学に慰謝料など約百九十万円を求める訴えを静岡地裁に起こしていたことが十三日、分かった。」（二〇一六年十月十四日）

浜松医大病院に限らず、海外で移植を受けたレシピエントの診療拒否が起きていた。

もちろん「海外で臓器移植した患者は受け入れない」ようにと、診療拒否の通達が厚労省から出されているわけではない。

しかし、臓器移植対策室長から都道府県等衛生主管部（局）長宛の「事務連絡 平成二十二年二月十五日」には、「無許可での臓器あっせん業が疑われる事例について」と題して次のように記されている。

「管下の医療機関で無許可あっせん業が疑われる事例が発生した場合は、当室宛御連絡いただく旨、周知願います」

厚労省が中国への渡航移植を制限するために出したと取られかねない通達だが、現実には曲解されて診療拒否の根拠になっている可能性があるのだ。

漆原さん、斉木さんは静岡県A市にある大学の付属病院でもあるF病院を訪ねた。F病院は日本移植学会のトップを務めたT医師が院長を務めていた。

受付で事情を説明すると、受付が「院長が直接お会いになるそうです」と告げられた。斉木さんは同行してくれた妻と一緒に病室に入った。中国で移植を受けてきたと説明した。

「あんたは犯罪者なんだから、これから警察に連絡する」

予想もしていなかった言葉が返ってきた。妻が今にも泣き出しそうになるほど、激しい口調で斉木さんを詰《なじ》り出した。

術後のケアどころか、免疫抑制剤の処方も頼めそうにもない状況だった。

「診療拒否ならかまわないよ」と斉木さんが言い返すと、

「診療拒否はしていません」と態度を軟化させ、「とりあえず検査だけでもしましょう」と言い出した。

F病院は信頼できないと思った。結局、手術後の処理と免疫抑制剤の処方箋をもらい、F病院を離れた。

先に帰国していた漆原さんもF病院を訪れた。結局、彼もまた二週間程度の免疫抑制剤を処方され、追い返されている。

二人はNPOのK代表とともに、術後のケアと免疫抑制剤を処方してくれる病院を探し当て、今はそこで一、二ヵ月に一度検査を受け、処方箋を出してもらっている。

関西地区に住む小野田忠さんはB型肝炎のキャリアで、母子感染。

「兄弟三人ともキャリアで、肝硬変から肝臓がんになるまで三年半、二〇一三年一月に肝臓がんと診断されました」

妻や兄弟から提供してもらおうと京都大学附属病院で適合検査をしたが、適合しない。結局、海外での移植に望みを託すしかなかった。

「肝臓がんは症状が急激に悪化していく」

四月に都内にある斡旋団体を訪ねた。

「用意ができたら連絡をする」

そう聞かされて自宅に戻ったが、三ヵ月経過しても何の連絡もなかった。日々、症状を悪化させる小野田さんを見ていた社員が、NPO・Nを見つけ出してくれた。すぐに連絡を入れた。

「K代表が大阪まで来てくれた。その頃の私はもう新幹線で東京に行くまでの体力がなかった」

説明を聞きすぐに訪中して移植をする準備を進めた。

「悩んでいる余裕なんてなかった」

移植費用を集めた。

「医療の側は余命半年の宣告だけですむのかもしれないが、こっちには育てなければいけない子供も三人いる。半年で死ぬわけにはいかない。どんなことをしてでも移植費用を集めなければならない。給付された保険金や貯金、一部は借金もしました」

八月中旬に関西国際空港から北京に向かった。

天津の病院で移植前に検査、治療を受けた。待合室で順番待ちをしていると中国人患者が話しかけてきた。

「移植を受けた患者で定期検査に来たと言っていた。中国は移植医療がすでに一般の医療になっているのを実感した」

それ以外はホテルのベッドに身を横たえているだけだった。しばらくして漆原さん、斉木さんとホテルの朝食会場で知り合った。

「二人は体調のいい時は外出していたけど、私にはとてもそんな体力はありませんでした」

十月に入り、症状はさらに悪化。ホテルの部屋を出て病院に入院した。やはり肝臓移植を待っていて、移植を受けたがその直後に死亡した人もいた。

「その方は中国に来た時にはもう末期だった。移植しても一〇〇％成功するわけではない。これはもう賭けでしかない」

小野田さんも死を予感した。しかし、十五日午後七時に突然知らされた。

「これから手術をします」

ドナーは死刑囚なのか、あるいは脳死からの提供なのか。二ヵ月間ホテルに滞在してわかったことがある。死刑囚から提供された臓器移植は通常だと深夜午前零時頃から開始されることが多かった。

「私の場合、交通事故で亡くなった方から提供された肝臓のようだった」

午後八時には手術室に入り、手術が開始された。八時間に及ぶ手術だった。

翌朝ＩＣＵで目を覚ましたが、眼鏡も外され周囲の状況も見えなかった。意識も朦朧としていていた。カテーテルが何本も注入されていた。ＩＣＵには通訳が入ることができずに、不安な日々を過ごした。

四日後個室に移された。腹部は逆Ｔの字に開腹され、医療用のホッチキスで止められていた。

「手術後は一日も早く日本に戻りたい。最低三週間はリハビリと言われたが、二週間で私は帰国した」

関西国際空港に降り立ち、そのまま自宅に向かった。夜が明けるのと同時に福井に向かった。

NPOのK代表が、術後のケアと免疫抑制剤を処方してくれる病院をすでに確保していた。その病院にしばらく入院し、体調を整えて退院した。

「それでも一年半くらいはあっちが痛い、こっちが痛いという状態が続きました」

現在、肝臓は順調に機能し、仕事にも復帰した。

帰国して間もなく、中国での肝臓移植を考えている患者から電話を受けた。その患者はすでにNPO・Nに一年前に相談に訪れていた。小野田さんは自分の体験を話した。

「その後中国で肝臓移植を受けたようですが、亡くなりました。肝臓は急激に悪化していくので、一ヵ月、二ヵ月の遅れが命取りになります。私も中国に行くのが二ヵ月遅れていたら、今頃は生きていないと思います」


中国で移植を受けた三人はそれぞれ緊迫した状況におかれていた。しかし、一方でこうした中国での移植には国際的な批判があるのも事実だ。

デーヴィッド・マタスはカナダの人権派弁護士として知られ、デーヴィッド・ギルガーは閣僚経験のあるカナダの元国会議員だ。二人は中国で行われている臓器移植について『Bloody Harvest』を発表した。

同著には、中国で行われている移植は死刑囚、さらに法輪功の学習者から摘出された臓器が、国内だけではなく日本人を含む外国人レシピエントに高額な価格で取り引きされ、移植されている現実が記されている。

このレポートを受けてアメリカ下院議院は、二〇一六年六月、「すべての良心の囚人からの臓器狩りを即刻停止することを中華人民共和国政府と中国共産党に要求する」など六項目からなる決議案三四三号を採択している。

二〇一六年冬、私はマタス弁護士と会った。

「丹念に移植件数を算出すると、中国政府が公式に発表する年間移植件数一万件は否定されてしまう。私たちの分析では、中国での移植件数は年間六万件から十万件と推定され、高い数値の方を強調したい。

中国政府が認めている一万件も、臓器のほとんどは良心の囚人（主に法輪功学習者）から摘出されたものだと思われる。中国政府はすべての臓器は自主的な提供であるとしているが、実証可能な裏付けはなく、受け入れがたい主張だ。年間六万〜十万件の移植は、良心の囚人が臓器源とみられる。

中国政府は私たちの算出した数字を否定している。しかし、私たちが割り出した数値を否定することは中国の移植病院が発表している数値を否定することでもある」

こうした現実に、日本は無縁ではないと、マタス弁護士は警告を発している。

「日本人向け移植ツーリズムの需要に応えた大規模な移植病院が中国にはいくつか存在する。そうした病院と日本の移植斡旋機関は提携関係にある。また日本で移植技術を学んだ中国の移植外科医は数多い。中国は日本から移植関連の薬剤を輸入してきた。日本政府が一部資金提供している中国の移植病院も一軒ある」

マタスの指摘する通り、中国での移植を斡旋する組織は、日本には複数存在する。

「日本の政府高官も医療界も、こうした事態に何の策も講じていない。日本はこの点についでは遺憾ながら遅れを取っている。見て見ぬふりは、共謀と同じことではないだろうか」

マタスは最後にこう訴えていた。

かつてはイスラエルからも中国に渡り、移植手術を受けている患者が多数いた。心臓外科医のJラヴィー医師は、イスラエル国民の海外での移植を禁止する法制定に貢献した医師として知られている。二〇一八年一月、来日し日本の渡航移植の実情を知るために関係者と会っていた。

六月三十日から七月二日までスペインのマドリッドで国際移植学会が開催され、イスタンブール宣言が行使されているかを見守るイスタンブール宣言評議会（Declaration of Istanbul Custodian Group＝DICG）の役員会で、評議員の一人でもあるラヴィー医師は、日本の渡航移植について質し、これに対してEミュラー議長が答えている。

「江川教授（江川裕人日本移植学会理事長）はそのような問題は一切知らないと否定している」

渡航移植について江川理事長は「一部の人たちとメディアは状況を誤って理解している」とＤＩＣＧ側に伝えてきているのだ。

しかし、中国への渡航移植はまぎれもない事実だ。二〇一五年十月、私は中国の移植を斡旋するコーディネーターと接触した。中国での移植斡旋の業務を始めてから八年が経過していた頃だ。

「中国が死刑囚からの摘出を中止したからと発表したとしても、本当に中止したかどうかはまた別の問題だ。腎臓移植は毎月複数行われ、肝臓は二桁台になった」

修復腎移植への対応や、一向に増えない移植臓器をどう確保どうするのか。日本移植学会は抜本的な対応策を早急に打ち出す必要がある。今も渡航移植は続いている。

16　患者の自己決定権

修復腎移植の「原則禁止」以降、宇和島徳洲会病院に認められたのは、臨床研究としての修復腎移植だった。二〇〇九年十二月～一七年十月までに十八例が実施され、レシピエントにがんが持ち込まれたケースは一例もない。

「原則禁止」以前に修復腎移植を受けた一人に松岡松次（六十四歳）さんがいる。

「僕の場合は、家族から腎臓を提供してもらうことはまったく不可能だった。母親は腎臓の病気で亡くなっているし、おじ二人も透析をしている。姉も移植を受けている」

彼は二回腎臓移植を受け、二回とも修復腎だった。

二〇〇四年七月、救急車で宇和島徳洲会病院に搬送された。

「顔色は土色で、周囲の者はもうダメだと誰もが思っていたよ」

宇和島徳洲会病院に入ってすぐに透析が始まった。

万波医師から腎臓を提供してくれる家族はいないかと聞かれた。

「いない」彼は即答した。

「ドナーはいないかと聞かれて、親戚の名前がすぐ出てくるほど、移植というのは簡単なものではない」

透析にも限界がある。移植が最善策だということもわかっていたが、それがどれほど少ない確率かも知っていた。松岡さんは最初から移植を諦めて登録はしてなかった。

「これからどうなっていくか、僕自身よくわかっていた」
○四年十二月に移植の話が告げられた。
「万波先生から提供される腎が修復腎であることも詳しく聞いていた。尿管狭窄の患者から提供された修復腎を移植した。今の状態が少しでも良くなればと、身を万波先生に預けた」

十二月に手術が行われた。尿が出るようになったが、最初から血尿だった。腎臓を治療しながら、リハビリをして体力をつけた。○五年六月に一度退院した。

「血尿がいっときは薄くなった。自分で生活していたらまた血尿がひどくなった。八月はかなり濃くなり、九月は血そのものが出ているような状態になった」

九月に再入院した。腎機能が次第に落ちていった。
○五年十二月に再び透析を受けるようになった。

そのまま入院生活は続き、〇六年を迎えた。

「死はあまり考えなかった。その日、その日のことで精一杯で、考えている余裕がなかったというのが、正しい言い方だろうと思う」

二度目の移植チャンスは五月に訪れた。後にわかったことだが、入院患者二人、自宅待機一人、合計三人の患者が移植待ちしていた。

昼休みに万波医師から呼ばれた。正式決定ではないが、移植できる腎臓が出ることを告げられた。

万波医師は提供される腎臓について説明をした。

「はっきり覚えている。移植に用いるのは腎臓がん患者の腎臓だった。万波先生は、腎臓がんの部分を楔形に切除した腎臓を用いるとわかりやすく説明してくれた。ドナーには、がんの部分を除去し、そのまま残すと説明したら、取り出してほしいという患者の希望もあり、摘出することになった。その後、取り出した腎臓を透析患者に移植してもいいかと承諾を求めたら、同意してくれたという説明だった」

がんの部位を切除しているとはいえ、がんの腎臓だ。不安は当然、起きてくる。

「がんは大丈夫ですか」と確認を求めた。

がんの持ち込みの可能性がまったくないわけではない。しかし、これまで行ってきた小径腎がんの部分切除で再発、転移したケースはほとんどない。そうした事実からおそらく再発、転移の可能性は極めて低いだろうという説明だった。

「先生を信じているからお願いします」と返事した。

松岡さんは着替えやタオルなどの手術の準備は整えていた。しかし、夕食時間が過ぎても、何の連絡もなかった。適合性に問題があり、手術は見送られたのかもしれないと思った。

消灯時間になり、休もうと思った。看護師が部屋に入ってきた。

「松岡さん、やるようになったよ」

それから十五分後には、手術室に入っていた。

「待っている時間はあまりいろんなことを考えないようにしていた。怖さ、緊張もなかった。不思議にそういうのはなかった」


二回目の移植手術は無事に終わった。しかし、尿はすぐには出なかった。

「手術の直後はまず血液が出る。その後に小便が出れば腎臓が機能していることになる」

二度にわたって腹部にメスが入っていた。腹部に違和感があった。

「透析もしていたので膀胱の感覚がわからなくなっていた」

腹部の違和感はさらにひどくなっていった。膀胱に尿がたまっていたのだ。しかし、尿が出ない。手術から三日目。

「それが苦しいなんていうものではなくなってきた。でも、出ない。水道の蛇口から水の流れる音を聞くと、いてもたってもいられなくなった」

管を膀胱に挿入した。尿と一緒に血液の固まりが出てきた。血液の塊がつまっている状態で尿が出てこなかったのだ。

数日後もう一度出血があった。前回のこともあり、松岡さんもさすがに不安を覚えた。十日間くらい尿が出なかった。

「また腎臓が壊れたのではないかと思った。二回目の出血は怖かった」

夜中だったが、万波先生を呼んでもらった。膀胱を洗ってもらった。

「その後、小便が出て、喜んだよ。第三者が考えるほど、再発、転移の恐怖はない。それよりも普通の生活ができる喜びの方が大きい。友人の家を訪ねることができる。話ができる。散歩ができる。そうした普通の生活ができることがうれしい。がんに対する恐れよりも、生き返ったという感じなんだ。その喜びの方がずっと大きい」

修復腎移植は松岡さんのような透析治療も限界に達し、生命の危機に直面した患者を救ってきたともいえる。

移植した腎臓は十一年間機能し、松岡さんは二〇一七年の夏から再透析に戻った。そして、松岡さんは三度目の移植を希望している。移植が実現するとすれば、現状では修復腎移植しか考えられない。

「原則禁止」に追い込まれ、それから十一年もの歳月が流れていた。この間に修復腎移植を望みながら死亡した患者もいる。そして修復腎移植を受けようとする患者も決して少なくはない。

井手光枝さん（六十二歳）もその一人だ。彼女は二〇一二年一月、呼吸困難に陥り夫の広幸さん（六十歳）が運転する車で宇和島徳洲会病院に駆け込んだ。横を向いて寝たら、下にした顔半分がむくんでしまう。身体は横向きになっても顔だけは上を向いて眠るような状態だった。

「透析には戻りたくないから、限界までがまんしてしまったんです。私はすでに腎臓移植を受けていました」

光枝さんは八二年に長男を出産、それを機に慢性腎不全になった。原因は不明だ。それから五年後、八七年十月から透析治療を開始した。

「昔の透析は六時間くらいかかった」

今でもそうだが、透析後はぐったりして家事もできないほどに衰弱してしまう。光枝さんは透析治療を受ける一方で、慢性腎不全の根治的治療は移植しかないという事実も知っていた。

夫の実家は宇和島市の隣町で、万波誠という優れた医師がいると、知り合いの透析患者から聞かされた。

「提供者がいるのなら、移植は早い方がいいと言われました」

透析期間が短い方が移植した腎臓の生着率は高くなる。

母親が腎臓提供を申し出てくれた。透析は二ヵ月だけだった。

「早く移植手術を受けなさい」

母に背中を押されるようにして移植手術を受けた。

「移植後は飛び上がるほどうれしかった。時間に縛られないで生活できるというのがいちばんなんです」

免疫抑制剤を服用する以外は、通常の生活が送れるようになった。しかし、移植された腎臓にも個人差があり、廃絶するケースもある。

母親から提供された腎臓は十二年と半年機能し、二〇〇〇年五月に廃絶に追い込まれた。体調は次第に悪化していった。

再び透析生活に戻らなければならなかった。

「つらそうにしている私を見て、夫が提供を申し出てくれたんです」

二〇〇〇年九月、二度目の移植を受けた。透析治療を受けたのは六ヵ月だった。

そしてその腎臓も七、八年経過した頃から、クレアチニン（腎臓の排泄機能が悪くなると血液中に増加する）が検査するたびに上昇しだした。

二回目に移植した腎臓も廃絶するかもしれないと思い始めた頃、修復腎移植問題で万波医師がバッシングを受けていた。

「私らにしてみれば、廃棄する腎臓を移植して、妻のような患者が元気になる。何が問題なんですかと思った」

と、夫の広幸さんが語る。

非難される一方の万波医師らを支援するために、「移植への理解を求める会」が、患者本人、患者家族、あるいは修復腎移植を支持する人たちによって立ち上げられた。

「その最初の日だったと思いますが、梅毒患者の臓器が移植されたというニュースが流れた。移植学会は修復腎移植をつぶすために、ドナーの個人情報を平然とマスコミにリークしていたのです」

と、井手広幸さんは当時を振り返る。

実際には疑陽性で感染力がないことが確認され、その腎臓が移植されたのだ。

これについて万波医師は反論している。

「当時勤務していた宇和島市立病院の内科医が当時の基準で『感染力がない』と判断したから、移植に使った」

万波医師らへの異常なバッシングが展開された。

「私は母から、そして夫から臓器を提供してもらいました。臓器移植ネットワークから移植のチャンスがあればいいですが、それはあてにはできない。残された道は修復腎移植しかないのです」

光枝さんの体調は日ごとに悪化していった。

「透析すれば身体が楽になるのはわかっていましたが、それでも透析は機械に繋がれているようで、私には耐えがたいものでした」

腹水も溜まり始めた。三、四リットルまでがまんし、腹水を除去した。

結局、二〇一二年一月、呼吸困難に陥り宇和島徳洲会病院に入院することになったのだ。すでに修復腎移植は「原則禁止」になっていた。透析を再再開するしかなかった。

「修復腎が出た時には、臨床研究例として移植が受けられるのを知り、すぐに登録しました」

一度は臨床研究の移植候補に挙がった。

「でも、たくさんの患者が移植を希望していて、五人が候補に残り、残念だったけど他の方に移植されました」

それ以来、光枝さんは今日まで透析を続けている。

「透析でいいという方にまで修復腎移植をと言っているわけではなく、もうこれしかないという私のような患者には、もし廃棄するような腎臓が出てきたなら、それを移植に使わせてくださいと言っているだけなんです。がんにかかった腎臓を移植すれば危険だと移植学会は言っていますが、その小さなリスクよりも、透析から離れて生きられるというのは、私には何ごとにも代えがたいものなのです」

光枝さんは一日も早く修復腎移植が軌道に乗ることを切望している。

佐藤史佳さん（仮名・五十三歳）も修復腎移植を待ち望んでいる一人だ。

「できる限り早く二回目の移植を受けて、以前のように元気になってお仕事がしたいんです」

その一方で、「希望を持つことが果たしていいことなのかどうか、時々わからなくなるんです。だって移植に希望を持って裏切られた時がホントにしんどいんです」と、複雑な思いをもらす。

二十代から旅行業界に身を置き、添乗員として世界中を飛び回ってきた。一九九八年イタリアを旅行中に突然体調不良に陥った。なんとか業務をこなし東京に戻った。病院に駆け込むと急性の腎不全と診断された。

「緊急透析を受けました」

家族にも腎臓を悪くした者はいない。透析治療がどのようなものなのかも知識はなかった。

「漠然と身体がだるいという倦怠感はありましたが、それは仕事がハードだからと、そのくらいの認識でいたんです」

透析を開始して一ヵ月が経過した頃、慢性腎不全と診断され、提供者がいるのなら腎臓移植を受けた方がいいと助言された。

実家のある松山に戻り半年ほど透析を受け、九九年愛媛大学附属病院で母親から提供された腎臓を移植した。移植後も松山に残り、旅行業界に復帰した。

二〇〇六年、宇和島徳洲会病院の万波医師らが進めていた修復腎移植をマスコミ報道で知った。

「当時、ニュースを見て、移植にはこういう方法もあるのかと思いました」

この頃はまだ移植した腎臓は十分に機能していた。

しかし、移植された腎臓の機能は次第に落ち始め、二〇一四年、ついに廃絶に追い込まれた。

「私の場合、尿は出ていました。でも老廃物が排出されなくなっていたんです。普通ならむくみが出てくるのですが、それもなかった。医師から言われたのは水分しか出ていないという言葉でした。それ以来、再び透析を受けるようになりました」

現在、透析を受けながら旅行業の仕事も継続している。しかし、透析治療は一日おきに受けなければならない。添乗員の仕事は日帰りの旅行を多くした。一泊二日の添乗が限界だった。

「愛媛大学附属病院で治療を受けていた頃、移植を受けたいと言うと、生体ドナーを探してと言われる。でも、一つ提供してくれた母親も、そして父親も他界しているんです。一人娘だったので兄弟もいません。移植医の頭の中には死体腎移植も修復腎移植もまったくありません。だからドナーを探してという言葉がすぐに出てくるのだろうと思います」

修復腎移植を受けたレシピエントの講演を聞いた。その頃はすでに臨床研究例としてのみ認められているに過ぎなかった。

「万波先生を訪ね、臨床研究例の患者リストに登録し、同時に日本臓器移植ネットワークにも移植希望の登録はしました」

死体腎移植を増やすための啓蒙活動にも積極的に彼女は参加している。町に出て臓器提供を呼びかけるチラシを道行く人に配布した。

「それでも私の周囲には臓器移植ネットワークから腎臓提供を受けて、移植に至ったという患者は一人もいません。臓器移植ネットワークからは一度も連絡がなく、自分の電話が故障しているのではないかと疑ったことさえあります」

移植までの待機時間十五年、果たしてこれが医療と言えるのだろうか。

現在、旅行業界に身を置きながら、その後一年に一回宇和島徳洲会病院を訪れ診察を受けている。

移植を望む患者の多くは、日本臓器移植ネットワークから提供される腎臓をほぼ諦めている。現在透析療法を受けている患者数は約三十三万人にも及ぶ。これに対して腎臓移植希望者は約一万二千人に過ぎない。最初から日本臓器移植ネットワークに失望している患者が多いからだろう。

「どんなに待っても死体腎移植のチャンスは回ってこない。私の場合、生体腎移植はありえない。私が移植を受けられるとしたら、現実的には修復腎移植しかないのです。移植学会の医師には腎臓移植は複数回するケースが多々あるという意識がまったくない。だから安易に修復腎移植を否定できるのだと思います」

前述のように修復腎移植によってがんが持ち込まれる率は極めて低いのだ。国民の二人に一人ががんにかかり、三人に一人ががんで亡くなると言われている。

「そんな時代に修復腎はがんが持ち込まれるからと、移植学会はいまだに反対しています。どうしてなのかまったく理解できない」

七〇年代の医療はパターナリズム（医療父権主義）で貫かれていた。医師の言うことは絶対的で、医師は父親が子供たちを思うように、患者を治療するものとされてきた。しかし、こうした考え方は、次第に後退し、今では医師は患者と対等な立場に立って治療にあたることが求められている。患者に対してあらゆる情報を開示するインフォームド・コンセントが求められるのもそのためだ。

しかし、移植医療の世界にはいまだにパターナリズムが色濃く残っているようだ。

「私はとにかく元気になって、もう一度自分の仕事を精一杯やって生きていきたいのです。私はたとえ三年後にがんになったとしても修復腎移植を受けたい。修復腎移植を受けるか、受けないのか、それを決めるのは私たち患者自身で、移植学会ではありません。医療は患者のためのものでしょう」

ベネフィットとリスク、あらゆる情報が開示された上で、その二つを勘案して最終的に決断を下すのは患者と患者を取り巻く家族たちであるべきだろう。

「原則禁止」以降、患者たちが修復腎移植を認めてほしいと訴えてきたのは、自分たちの自己決定権を主張してきたように思える。奪ってきたのは、説明するまでもなく日本移植学会をはじめとする関連五学会だ。一日も早い修復腎移植の再開が望まれる。

17 W移植

腎臓移植の待機期間は臓器移植ネットワークによれば、移植希望登録から十四・八年。この間に多くの移植希望患者は亡くなってしまう。こうした悲惨な現実を少しでも緩和させる可能性を秘めていたのが修復腎移植だった。

修復腎移植は、「見たことも聞いたこともない医療」「人体実験」とまで批判されたが、すでにアメリカ、ヨーロッパでは通常の医療として行われている。日本では宇和島徳洲会病院の万波誠医師らによって、その後臨床研究として進められ、一八年七月、一部保険医療適用が受けられる先進医療としてようやく認可された。

九月、与野党の国会議員で組織された「修復腎移植を考える超党派の会」が報告会を開いた。同会は〇八年五月にはすでに修復腎移植を容認する見解を表明している。

報告会には幹事の衛藤晟一参院議員（自民党）、古川俊治参議院議員（自民党）、そして山本博司参議院議員（公明党）、さらに万波医師や患者会、そして日本移植学会からは江川裕人理事長らも出席した。

衛藤議員は「三十二万人の透析患者がいる。修復腎移植の先進医療の承認で腎臓移植が進み、多くの患者が助かってほしい」と、今後の修復腎移植への期待を述べた。「原則禁止」から十一年もの歳月が流れていた。修復腎移植を待ち望みながら亡くなっていった患者も決して少なくない。

今後、修復腎移植にしてもドナーをどのように獲得していくのか、課題は山積している。修復腎移植の再開までにはまだ時間がかかりそうだ。

「患者の支援はこれからも継続していかなければならない」と山本議員も語る。

一日も早く、一人でも多くの患者を救っていかなければならない。

しかし、現実的には、提供臓器の少なさから、同一ドナーから同一レシピエントへ、肝臓、そして腎臓、二つの臓器が移植されるというダブル移植のケースまで生まれているのだ。最後にこのケースを紹介するのは、移植医療の置かれている現実がどれほど厳しいか、それと同時に移植医療だけに留まらず、医療のあり方について、患者の側から様々な問題を投げかけているると思えるからだ。

本田紀明さん（仮名・六十歳）は、妻の万里子さん（仮名・六十歳）から、肝臓、そして腎臓の提供を受け、二度にわたって移植手術を受けた。紀明さんは二〇一三年九月に肝硬変と診断された。一四年一月になると、十日ごとに五・五リットルの腹水を抜かなければならないほどで、抜いてもすぐに貯留し、症状は悪化の一途を辿った。

紀明さんが助かる方法は移植しかなかった。医師から説明を受けた。

「肝臓は右葉と左葉に分かれていて、大人が子どもに、肝臓を提供するケースでは、三分の一の大きさの左葉を提供すればよいのですが、大人への移植の場合、三分の二を占める右葉の提供が絶対条件になります。ドナーの体内に残る左葉が、摘出前の三五％以下になってしまうようであれば、ドナーにはなれません」

万里子さんの肝臓は基準値をパスし、移植は可能と判断された。

「こんな無様な姿で死にたくない……」

死は手の届くところまで迫ってきていた。

移植手術は四月二十八日、都内のK病院で行われることになった。別室に入院していた紀明さんに、二人の子供を通じて万里子さんはメッセージを伝えてもらった。

「絶対に、生きて、また会おうね」

それから間もなく、万里子さんも車椅子に乗り手術室に入った。

手術台に移り、万里子さんは横向きに寝かせられた。

「ちょっと冷たいので、ごめんなさいね」

　背中から麻酔注射を打たれた。そこからの記憶はまったくない。


「終わりましたよ。起きてください」

　遠くで声がした。

「今、何時ですか?」万里子さんは看護師に尋ねた。

　午後四時だった。子供たちがＩＣＵ（集中治療室）に来て、万里子さんに話しかけた。しかし、まだ麻酔が効いていた。

　それからどれくらいの時間が経過したのか、万里子さんには自覚はない。気がつくと、再び子供たちがＩＣＵにやってきていて、興奮した声で万里子さんの耳元に訴えかける。

「お父さんの手術、無事終わった。成功したよ!」

　曇りガラス越しに外の風景を眺めているようで、意識はまだ完全には覚醒していなかった。それでも嬉しそうな子供たちの表情に、すべてを悟った万里子さんが安堵しながら答えた。

「よかった」

　紀明さんが手術室に入ったのが午前九時、手術が終わったのは日付が変わった午前零時半だった。十五時間を超える手術だった。

移植主治医のS医師と、血管外科のO医師から紀明さんの移植手術の結果を聞いた。

「なんとか成功しました」

ここまでは家族間で行われる生体肝移植の光景だ。これで紀明さんは命を取り留め、いつもの平凡な日々が家族に戻って来るはずだった。

しかし、この瞬間から本田さん夫婦は日本で最初と思われる凄絶な経験をすることになる。

手術から数日後、看護師から伝えられた。

「ダンナさんが、奥さんに会いたがっていらっしゃいますよ」

紀明さんはICUの奥のベッドで酸素マスクをして横たわっていた。

「成功して良かったね」

万里子さんが話しかけ、二人は手を握り、喜びを分かち合った。

紀明さんも、そして万里子さんも順調に回復していた。

「そのまま順調に回復していくものだとばかり思っていました」

退院は万里子さんの方が早かった。

五月十三日。

「この日私は、朝から病院に行って、夫に会おうと決めていました。今から思うとムシの知らせだったと思います」

病室に入ると、紀明さんは高熱にうなされていた。

担当の若い看護師に原因を尋ねた。

「昨日、ドレーンがだいぶ汚れてきたので、お掃除をしたんです。その後、昨夜から熱が出てきて、今朝からはずっと高熱のままです。ドレーンから細菌感染したと思います」

しかし、「入院しているのだから、最善の治療をしてくれるはず」と病院側を万里子さんは信じ切っていた。

看護師は頻繁に病室を出入りし、体温や血圧を測っている。午後になると、噴水のように嘔吐した。食事を摂れるような状態ではなく、ずっと点滴だけだった。

「嘔吐物は点滴液と同じ、ピンクの液体でした」

それでも病院側の目立った動きはなかった。

「看護師さんが当然医師に細菌感染を伝えてくれていると思っていました」

病院側が異常に気づいたのは夜になってからだった。紀明さんは再びＩＣＵに運ばれた。

「緑膿菌というタチの悪い細菌に感染していて、生死は五分五分、ここ数日が勝負です」

万里子さんはそう宣告された。細菌感染から敗血症を引き起こしていたのだ。

翌日、医師から二枚の同意書にサインを求められた。一通は「シャント造営手術」、もう一通は「気管切開手術」の承諾を求めるものだった。

「シャント」の意味など万里子さんにはまったくわからなかった。

シャントとは、透析治療を行うために動脈と静脈をつなぎ、多くの血液を体外に出し透析器にかけて再び体内に戻すための特別な血液回路を外科的に腕や足につくることだ。

腎臓病の知識も皆無だった。紀明さんは敗血症から「急性腎不全」を発症し、透析治療を受けなければ危険な状態に陥っていたのだ。

移植した肝臓も働きを停止してしまった。再び腹水がたまり始めた。万里子さんが紀明さんの枕元に行って、励ましても表情を変えることはなかった。

「夫は人工呼吸器で管理され、体中にチューブやドレーンを挿し込まれ、手は管を抜かないように、ヒモでベッドに拘束されていました」

人工透析が導入されて、一ヵ月半が過ぎた。紀明さんは一向に回復する兆しを見せなかった。

「ダメージを受けた移植肝が、いつ再生するのか。いつ人工透析から離脱できるのか。それ以上に夫が生きていられるのか。この先、良くなるとはとても思えませんでした」

人工透析は「一時的措置」だと、万里子さんは信じていた。

「急性腎不全ですから、治れば人工透析も必要なくなるでしょう」

しかし、紀明さんには声も出せない、身動き一つできないといった状態が続いた。

七月中旬、医師に今後の見通しを恐る恐る尋ねた。

「肝臓は少しずつ良くはなっているが、回復に手間取っている」

「夫の腎臓は、良くなるのでしょうか」

「いや、治らないでしょう。もう二ヵ月近く経っても良くならないから」

万里子さんの希望は一瞬にして打ち砕かれた。

入院期間は、五ヵ月にも及んだが、やがて紀明さんは退院可能な状態まで回復した。しかし、透析は続けなければならなかった。一日おきに透析のために病院に通う夫を見ていながら、割り切れない思いが込み上げてくる。

「なんのために肝臓移植したのか……」

万里子さんの心の中に、夫に腎臓を移植して、元気になって仕事に復帰させてやりたいという思いが湧き起こってきた。その思いは、日に日に強くなっていった。

しかし、二度目のドナーにはなれないと薄々は気づいていた。肝移植手術の際に渡されたK病院の肝移植者用の解説書には、小さな文字で「一度ドナーになった方は、再び、ドナーにはなれません」と記されていたのだ。

移植コーディネーターに尋ねても同じ返答が戻って来た。

「一人で二度生体ドナーになった人はホントにいないのだろうか」

万里子さんが見つけ出したのは、〈腎臓〉と〈膵臓の一部〉を、一人のドナーから移植する

『膵・腎同時移植手術』を受けた母娘の例があっただけだった。

「これだ、と思いました」

それを主治医にぶつけてみた。

「膵臓と肝臓は違うでしょう。とにかく一度ドナーになった人は、もうダメなの。そんなの常識でしょう。腎移植そのものはしていいんです、ただし、ドナーは奥さん以外の人です」

取りつく島もなかった。

泌尿器科の医師に移植の相談を持ちかけた。K病院の倫理委員会にかけて了解が得られれば可能という回答だった。絶対的に無理ではなさそうな口ぶりだった。

移植学会のガイドラインに、同一ドナーからの二度にわたる臓器提供を具体的に禁止する記述はない。生体腎移植ドナーについては「医学的なメリットはないため、医療の基本の立場からは健常である生体腎移植ドナーに侵襲を及ぼすような医療行為は望ましくない、これを避けるべきである」としている。

さらにドナーの適応基準についても詳細に記述され、「基準に合致しない時の対応」についても述べられている。「基準を逸脱する生体腎移植ドナー候補者から強い腎提供希望があったとしても、腎提供後にドナーに不利益な腎障害などの出現する可能性がきわめて高いことを十分に説明し、腎移植が行われないように努力する必要がある」と。

泌尿器科医から万里子さんの希望が主治医に伝わった。

「この間、ダメだと言ったでしょう。何を考えてるの」

怒りに満ちた口調で言い放った。

「肝移植だけでも、大きな手術。この上さらに腎移植をして、万が一何かあったら、どうするんですか」

レシピエントやドナーの身を案じてくれているのかと最初は思った。しかし、予想していなかった言葉が投げつけられた。

「そんなことにでもなれば、世間が移植を悪く言うでしょう。腎移植をして、肝臓の値が悪くなったりしたら、私たちが、せっかく積み上げてきた生体肝移植が、批判されてしまう。自分たちのことばっかり考えないで、あなた達も、私たち移植チームの一員としての自覚を持ってほしい。これがK病院の方針です」

肝臓移植の主治医の怒声に、診察室から逃げ出すように出る紀明さん、万里子さんの背中にO医師の「わかりましたね」と念を押す言葉が浴びせかけられた。

「こんな状態で倫理委員会のOKが出るとはとても思えませんでした」

K病院での腎臓移植は断念せざるをえなかった。

本田さん夫婦は東京近郊に住んでいた。腎臓移植可能な病院を探すことはそれほど困難ではない。そうした病院を訪ね歩こうとしても、「紹介状持参」を条件に突きつけられた。

「これまでの経験で、最終的には『前例がないから』『ドナーの安全を考えて』と断られるのは明白でした。でもこのまま医者の言いなりになっていたら、私たちの人生が台無しになってしまうと思いました。自分たちで調べて、道を切り拓こうと、二人でそう決めて、様々な移植に関する情報を集めました」

二人が最後にたどり着いたのが、宇和島徳洲会病院だった。万波医師の様々な報道に目を通した。患者の側に立ってくれる医師のように、本田さん夫婦に思えた。

「東京から遠いといっても宇和島は国内、万波先生しか相談に乗ってくれそうな医師はいませんでした」

当時を万里子さんが振り返る。

一五年七月、万波医師にメールで窮状を訴えた。

返事は万波医師から直接電話がかかってきた。結論はすぐに出た。

八月末、宇和島を訪れ、精密検査をすることになった。

肝臓は再生能力の高い臓器で、紀明さんに移植された肝臓も、万里子さんの体内に残されたものも、再生を果たしていた。その他のデータも移植には問題ないと判断され、九月に万里子さんから片方の腎臓が摘出され、紀明さんに移植されたのだ。

現在、紀明さんは透析から解放されて、仕事に復帰している。また、肝臓と腎臓を提供した万里子さんにも身体の不調はまったくなく、健康な日常生活を送っている。

修復腎移植問題で万波誠医師らがバッシングを受けていた頃、当時副理事長だった大島伸一は『日本医事新報』（〇七年三月十日号）に「病腎移植の何が問題なのか」という論文を寄稿している。

大島はこの中で「現時点での医学・医療の標準的基準、倫理的基準から相当に外れている」と指摘した上で、修復腎移植への社会的な評価に戸惑いを見せている。

「今回行われた医療を『外れた医療』とは受け止めていないらしい。あるいは、外れていたところでそれほど責めるべき問題ではないと考えているようで、それも主治医に直接世話になった患者のみならず、相当な有識者もこのような医療のあり方に対する共感があるらしい。これは一体どういうことなのか」

大島によれば、移植学会のガイドラインに基づく「学会が制御できる医療」と、「（それを）外れた学会では制御不能な医療」と二つの医療が存在するという。

ガイドラインについて大島は「移植というのは社会との対話の中で合意事項を確立してきた。

それがガイドライン」とした上で、

「日本には医療行為に関するガイドラインはあるが、それが破られても、その是非について判断する仕組みがないということである。と言うより、そもそもガイドラインも、学会という任意団体が社会に対する責任を果たそうとして勝手に決めたものに過ぎないようである」

さらに修復腎移植のような問題は、今後形を変えて様々な領域で現れてくるだろうと予見している。

肝臓、そして腎臓、二つの臓器を夫に提供した万里子さんは、肝臓移植の時に突きつけられたルールを今でも忘れることができない。

「肝移植のドナー検査の時は、〈三五％ルール〉に苦しめられました。娘たちは、〈三三％〉と〈三四％〉で、ドナー失格、幸いにも私が〈四〇％〉もあったから、何とか移植にこぎつけられた。でも、私の肝臓も〈三四％〉しかなかったとしたら……。境界線上のドナーが、一人しかいなくて、その人が、どうしても助けたいと懇願したら、あの医師たちはどうしたのだろうか」

ガイドラインから「外れた」医療、あるいは前例のない未知の医療を患者から求められた時、医療の側はどう対応すべきなのか。

修復腎移植もダブル移植も、それを問いかけているように、私には思える。移植学会のガイドラインに従った医療をしていれば、修復腎移植のような問題は起きなかった。移植学会が指摘するように、宇和島徳洲会病院には倫理委員会も設置されていなければ、患者と十分な話し合いがもたれたことを記録した書類も残されてはいなかった。

しかし、万波医師と瀬戸内グループの医師らは、患者と真剣に話し合った結果、その一歩を踏み出したのだ。

もはや修復腎移植にしか生きる道を見出せない患者に、ガイドラインを示し、移植を拒むことが果たして真に倫理的と言えるのだろうか。リスクを承知の上で、境界線上の医療を求められた時、移植医はどうすべきなのか。ガイドラインを盾に取ったところで、その対応が共感を得られないのは、修復腎移植「原則禁止」以降の経過がすべてを物語っている。

本田さん夫婦への「医師の言うことに従いなさい」という対応は、残念ながらK病院の移植医はパターナリズム（医療父権主義）を引きずっているとしか私には思えない。

大島の言うようにガイドラインが医療従事者と社会のたゆまない対話から形成された医療のルールだとするなら、医療の発達と患者の意識、社会の変化に柔軟に対応し、ガイドラインも進化していかなければならないものではないのか。

患者との対話を忘れた時から、ガイドラインは一瞬にしてパターナリズムを患者に押し付けるための刃にも変わる危険性をはらんでいる。

移植医療の現場に求められているのは、移植を求める患者とその家族の人生観にまで踏み込んだ切実な声に耳を傾けることではないのか。

ガイドラインに従っているだけでは、結局移植医療への信頼は失われていくだけのように、私には感じられる。

エピローグ

修復腎移植が「原則禁止」となった理由の一つに、がんが持ち込まれる可能性が高いことが挙げられた。しかし、これまで述べてきた通り、その確率は極めて低いものだということが立証されている。

もう一つ、当時問題にされたのが、宇和島徳洲会病院には倫理委員会が設置されていなかったという点だ。未知の医療を実施する時は、病院内に設けられた倫理委員会でその可否を検討し、可能と結論づけてからでなければ医療に踏み出してはならないというシステムが、一九九〇年代半ばから厚労省によって提唱されてきた。その倫理委員会が宇和島徳洲会病院には設置されていなかった。

最終的には、移植学会、臨床腎移植学会、泌尿器科学会、透析医学会、「四学会の共同声明」が出され、後に腎臓学会も追随し、五学会となった「共同声明」の中で、修復腎移植を批判している。（当時、修復腎移植は病腎移植という言葉がさかんに用いられ、共同声明の中でも病腎移

植と言葉が用いられた）

「病腎移植という実験的医療が、医学的・倫理的な観点から検討を加えられずに、閉鎖的環境で行われていたことは厳しく非難されるべきである。

またこれを実施した病院には、この実験的医療を行うには、種々の手続きを含め体制が極めて不備であった。移植医療においては、ドナーの意思が尊重され、その権利が守らねばならない。今回の一連の病腎移植において、医学的見地からの問題やインフォームド・コンセントや倫理委員会等の欠如や不透明さが判明したことは、移植医療として多くの問題があったと言わざるをえない」

――がんが持ち込まれる危険性のある移植を密室で行っていた。小径腎がんは部分切除が標準治療、摘出する必要のない腎臓が全摘され、移植された可能性さえある。

実際、このようなバッシング報道が洪水のように当時流れていた。

摘出する必要のない腎臓を摘出し、それを移植したのであれば、摘出された患者《ドナー》に対する医療が問題になる。摘出しなければならない腎臓を移植したとすれば、レシピエントに対する医療が問題となる。

こうした考えは、わかりやすく砂漠に降った雨のように世間に浸透していった。これに拍車をかけたのが「自家腎移植」だった。腎臓を摘出し、病巣の部位を手術で取り除き、元の患者に戻す手術だ。移植に使用できる腎臓なら、移植学会は「自家腎移植」すべきだと主張した。

　倫理委員会の不備と同時に、問題視されたのがドナー、レシピエントに対するインフォームド・コンセントの問題だった。

　ドナー、レシピエントに対して十分に説明が行われ、納得したことを証明する文書が宇和島徳洲会病院には残されていなかった。

　万波医師も倫理委員会の審議を経ていないで修復腎移植を推進してきた。（現在の宇和島徳洲会病院には倫理委員会は設置されている）

　だからといって万波医師が勝手に暴走し、修復腎移植の成果を確かめるために「人体実験」したとも私は思わない。修復腎移植が「患者との合意」なしに進められたとも思えない。

　万波医師は宇和島徳洲会病院へ移籍するまで三十四年間、宇和島市立病院の泌尿器科で活躍してきた。宇和島徳洲会病院へ移籍して十五年になる。

　患者との関係は万波医師が徳洲会病院へ移籍しても揺らぐことはなかった。「安全性が確認されていない」修復腎移植が、「閉ざされた医師集団」の中で独善的に行われてきたわけでは決してない。

　宇和島市とその周辺に住む腎不全の患者と万波医師との間には、「合意」が成立していたのだと、私は考えている。この話し合いのプロセスが書類として残されていなかっただけで、患者と医師との間には強固な信頼関係が築かれていたからこそ、修復腎移植はその一歩が踏み出せたのだ。

自家腎移植について、後に法廷の場で明らかにされた驚愕の事実がある。

〇八年十二月十日、修復腎移植を望む患者たちは「『治療を受ける権利』を奪われたとして、松山地裁に訴状を提出し移植学会幹部に総額五千五百万円の損害賠償を求める「修復腎移植訴訟」を起こした。

被告は当時の「日本移植学会の現役員または役員」で、以下の五人だった。

被告名	役職（二〇〇七年三月当時）
田中紘一	日本移植学会理事長
大島伸一	日本移植学会副理事長
寺岡慧	日本移植学会評議員
高原史郎	日本移植学会評議員
相川厚	日本移植学会評議員

田中紘一が理事長を退いた後、寺岡慧、高橋史郎が理事長に就任している。患者らから訴えられたのは、移植学会の中枢にいる医師たちと言ってもいいだろう。

裁判は高松高裁まで争われ、結局、患者側の敗訴に終わった。しかし、裁判によって多くの事実が白日の下にさらされる結果となった。

自家腎移植もその一つだ。

大島伸一、寺岡慧の二人は「修復腎移植に使える腎臓なら病腎を修理し患者に戻す自家腎移植手術をすべきである」と発言していた。原告側は実際にそのような手術が行われているのか、被告五人の出身ないしは所属病院に対し、過去十年間に行った自家腎移植数と、腎がんによる腎摘手術数を調査するよう求めた。松山地裁はこの申し立てを採用した。

調査期間は一九九九年度から二〇〇八年度の十年間。

田中が当時所属していた京都大学医学部附属病院で、同泌尿器科の腎細胞がんを原因とする腎摘出手術症例数三百四十件、相川の東邦大学医学部附属病院が三百三十八件、高原が籍を置く大阪大学医学部附属病院では二百八十九件。このうち自家腎移植（腎摘出の原因として腎細胞がん以外を含む）自体、症例数はいずれもゼロだった。

自家腎移植が行われていたのは大島のいた名古屋大学医学部附属病院で、腎摘出手術症例数三百四十二件中、自家腎移植症例数（腎摘出の原因として腎細胞がん以外を含む）は十三件。そのうち腎細胞がんを原因とする自家腎移植症例数は四件のみ。

寺岡が所属していた東京女子医科大学病院では、腎摘出手術症例数八百三十一件中、自家腎移植症例数は二十四件、そのうち腎細胞がんを原因とする自家腎移植症例数は八件に止まる。

つまり五大学病院において腎細胞がんを原因とする腎摘出手術症例二千百四十件で、自家腎移植症例はわずか十二件、〇・五六％にすぎなかった。

「移植可能なら修復して戻す自家腎移植をすべき」とする被告らの主張が現実離れしていることは明白だった。

自家腎移植が何故一％にも満たないのか。理由は簡単である。自家腎移植のリスクが高いからだ。患者自身がこうしたリスクを負った手術を敬遠する傾向は強い。

そして自家腎移植を実施するには、医師に対しても卓越した高度の技術が要求される。

万波誠は自家腎移植についてこう語っている。

「たとえば腎動脈瘤が主腎動脈上にある場合は、比較的容易に瘤を切除することができます。腎動脈にパッチ等をあてることで修復できます。しかし、腎動脈瘤が腎門部に近い場合、または腎門内に入り込んだり腎内にある場合は、切除することが容易ではありません。その上、腎動脈瘤より小さい二～三本の腎動脈枝が出ていることが稀ではありません。その場合、手術は一層困難なものになります。

瘤をまず剥離し、そこから出ている動脈枝を一本一本確認し、瘤を切除するわけです。その後、それらの血管を、すべて狭窄をおこさないように吻合しなければなりません。そういった困難な手術の場合、私は体外に腎を取り出し、顕微鏡下でそれらの血管吻合をすることにしています。それでもうまくいくとは限らず、吻合部狭窄、閉塞等の恐れはあります。そうやって、修復された腎臓は、多くは血管吻合、尿管尿管吻合、尿管膀胱吻合などをして、盲腸の近くに自家腎移植をします。手術時間は五〜八時間近くかかります。

若い人であれば耐えられますが、高齢者や状態の悪い人にとって、長時間に及ぶリスクの高い手術は、相当な負担になります。そういった場合、主治医は簡単に腎摘を行うか、長時間に及ぶ複雑かつ困難な手術を行うかの選択に迷います。

対側の腎臓が健全なら、その瘤のある腎臓を摘出した方が患者にとってプラスになります。何故なら腎摘出は一、二時間で比較的容易になされるからです。

基本的には修復できる腎臓は修復し、その患者に戻すことが大原則であることは間違いありません。ただ、ひと言で修復といっても、簡単なものから、困難なものまで非常に大きな幅があり、また、その修復を行う医師の技量や経験も大いに関係します。一つ方針を間違えば、患者を大変な苦境におとしいれることにもなります」

患者に訴えられた五被告のうち、自家腎移植の実績を有しているのは、大島伸一だった。大島は一線を退くまでに約七百例の移植を行ってきた。彼は中京病院、名古屋大学医学部附属病院で、それに加え約五十例は自家腎移植を行っている。

一方、万波誠は自家腎移植はこれまでに二十数例経験している。瀬戸内グループでの自家腎移植は三十例を超える。これは法廷に提出された五人の被告が所属する五大学の病院で行われた自家腎移植数をはるかに上回る。万波医師、瀬戸内グループの医師らがいかに卓越した技術を持ち、患者たちからの信頼を得ているかがうかがえる。

こうした医師たちに対して、自家腎移植の実績がまったくない移植学会幹部の医師が「自家腎移植をすべきだ」と声高に主張することに、強い違和感を覚えるのは果たして私だけだろうか。

移植学会が健全に運営されていないと思ったのは、それだけではない。〇八年三月十九日に開催された「修復腎移植を考える超党派の会」で相川厚が意見を述べている。

「皆さん、これが問題だと思います。腎臓のがんです、腎臓のがんで大きさが四センチ以下で被膜という浸潤のないところのがんはやってもいいのではと議論が出ています。このようながんは部分切除すればいいんですよ。それ全部切除するのが当たり前と言っていますが、そんなことはありません。腎機能を温存するということは第一の問題です。その患者さんの腎機能を守ることが第一の問題です。慢性腎臓病対策で厚生労働省で三年前から行われますけど、最近の大学では内視鏡で部分切除をやっているんですよ。五十歳代以上のロートルの泌尿器科医は知りませんけど四十～五十歳代の泌尿器科の専門医であれば先ほど高原先生が言ったように部分切除です。全て取るなんて今の普通の泌尿器科の経験のある先生であればやりません」

被告らは言いたい放題だった。移植学会幹部のこうした発言に疑いの目を向けるマスコミもなかった。しかし、被告らの発言がやがて法廷の場で争われ、その証言の信憑性が問題にされることになる。

相川はさらにこう説明している。

「今回の病腎移植の提供者となった腎がん患者はすべて部分切除で対応可能な患者であり、敢えて腎全摘術を行うことは患者自身の腎機能を将来的に悪化させ、生命予後も悪化させる不利益がある」

「予後に関しては部分切除の方が優位に結果が良いのであり、そのため腎部分切除が標準的治療法となってきているのである」

被告らが所属する最先端医療を行う五大学七病院で、実際に小径腎がん（腫瘍径四センチ以下）がどのように扱われていたのかを示すデータがある。

二〇〇五年までは六〇～六五％の割合で全摘が行われ、全摘と部分切除がほぼ同率に並ぶの

	①小径腎がんの手術症例	①の内全摘出		①の内部分切除	
1999年度（平成11年）〜2008年度（平成20年）	994件	591件	59%	403件	41%
各年度内訳					
1999年度（平成11年）	74件	50件	68%	24件	32%
2000年度（平成12年）	103件	71件	69%	32件	31%
2001年度（平成13年）	101件	57件	56%	44件	44%
2002年度（平成14年）	76件	50件	66%	26件	34%
2003年度（平成15年）	95件	61件	64%	34件	36%
2004年度（平成16年）	99件	67件	68%	32件	32%
2005年度（平成17年）	98件	65件	66%	33件	34%
2006年度（平成18年）	117件	58件	50%	59件	50%
2007年度（平成19年）	104件	51件	49%	53件	51%
2008年度（平成20年）	127件	61件	48%	66件	52%

は二〇〇六年以降だ。万波医師の腎全摘を批判する彼らが所属する病院ですらこの数字なのだ。

厚生労働省が「修復腎移植を考える超党派の会」に提出した二〇〇七年の手術について調査した泌尿器学会のデータによると、悪性腫瘍手術合計五千八百八十件、このうち腎全摘が四千八百四十八件（八二・四%）も占め、部分切除は千三十二件（一七・六%）にすぎない。部分切除が「標準治療」と断定するにはあまりにも無理がありすぎる。

それでも移植学会はあくまでも部分切除が標準治療だと主張していた。何故こんないびつな主張を執拗に繰り返すのか、私には異様としか思えない。

そして、同じことが実は先進医療申請の時にも起きた。

修復腎移植の臨床研究を進めてきた徳洲会グループは、その結果を踏まえて二〇一一年十月三十一日先進医療として承認するよう厚生労働省に申請した。

それまでに第三者間の修復腎移植は、当初の計画の五例はすでに二〇一〇年八月に終え、術後一年の観察期間も終了している。

しかし、厚労省が結論を出す日が迫った二〇一二年八月十六日、日本移植学会など関係五学会が、先進医療として認めないようにと三つの理由を掲げた要望書を厚労省に提出した。

一点目には修復腎移植は国際的な基準に照らし合わせてみても、「適応外」と指摘している。

「国際的な基準、指針として、悪性腫瘍を有する生体ドナーは適応外であることが明記されています」

しかし、国際的基準から乖離しているのは、これまでに述べた通り移植学会の方なのだ。

二点目には相変わらずがんの持ち込みを挙げた。

「がん患者ドナーよりの移植ではレシピエントにがんが伝播する危険性があることが指摘されています。移植後は免疫抑制剤が投与されるためがんの再発転移が促進されます」

この「がんが伝播」される根拠として相変わらずイスラエル・ペンの論文を掲げている。しかし、これも既述したように、ペンの学説は崩壊しているのだ。ペンの学説は、レシピエントにがんが発生しても、それがドナーからの持ち込みなのか、あるいはレシピエント由来のものなのか判別できない時代の学説だ。

免疫抑制剤が投与され、がんが発生しやすくなるという指摘については、免疫抑制剤によってはありうることだ。しかし、それがレシピエントに不利益とするならすべての臓器移植にあてはまることで、それを理由に移植を禁止するなら、あらゆる移植ができなくなってしまう。

移植学会らがあげた三つ目の理由はドナーが不利益を被るという主張だ。

「生体腎移植においてはドナーの人権を守ることが何よりも優先されるべきですが、病腎移植ではこの原則に抵触する危険がある」

患者には十分なインフォームド・コンセントが与えられ、その上で治療のために全摘出を望んだ患者に対して、透析患者への摘出腎の提供を求める。人権を侵害する余地などまったくない。

ドナーの人権（健康）を守るためには、ここでも部分切除が標準治療だとした。

「小径腎がん患者に対しては根治的腎摘術ではなく、腎部分切除術が標準的治療として推奨され、現在は一般化されています」

しかし、患者らが訴えた裁判で明らかになったように、部分切除が標準治療ではないのは明らかだ。

さらに移植学会は部分切除、全摘の割合を具体的なデータを提供し、主張しているわけではない。「14 空白の十年」で記した通り、厚労省のデータでも標準治療というのにはあまりにも無理がある主張なのだ。

二〇一二年八月二十三日、厚生労働省の先進医療専門家会議が開かれた。

白熱した議論が展開されたが、最終的には宇和島徳洲会病院が先進医療として申請していた修復腎移植を、承認しないことを決定した。

「否認」された理由の一つは、ドナーの安全性が問題にされた。小径腎腫瘍に対しては、「全世界的に根治的腎摘術ではなく、腎部分切除術が標準的治療として推奨されている」とし、全摘か部分切除かにより長期の生存率が異なる。宇和島徳洲会病院の先進医療の「届出書」では、この点に関する検討が不十分だと指摘された。

レシピエントについても、八例の文献は二〇〇八年時点のものであり、最新のフォローアップに基づいた文献や報告書が必要だとした。八例のうち二例が死亡しているが、いずれも「病気腎移植」と無関係としているものの、その根拠を明確にする必要性があるとされた。また現在臨床研究中の十例についても、レシピエントの経過観測計画が一年であるのは不適切であり、長期間行うべきとした。

その後、さらに二回先進医療技術審査部会が開催され、三度目にして認可された。移植学会をはじめとする関連五学会から、前回のように先進医療として認めないようにという「要望書」は出されなかった。しかし、移植学会をはじめとする関連五学会の意向を汲んだとしか思えない発言が、前回と同様に斎藤忠則医師から出された。

がんが持ち込まれるかどうか、医学的な論争はすでに決着がついていたためなのか、先進医療技術審査部会では肝心の議論はなされていない。その代わりに「修復腎移植に用いられる腎臓が出てくるとは思えない」と斎藤医師はしきりに述べていた。ダ・ヴィンチによって七センチ未満の小径腎がんは部分切除が可能になり、全摘になる可能性は極めて低くなったと主張した。

この時も、腹腔鏡、ダ・ヴィンチを用いた小径腎がんの手術における部分切除、全摘のデータを提示して主張したわけではない。

しかし、厚労省は七センチ未満の小径腎がんまでも修復腎移植として利用することを認可した。厚労省が認可に動いた背景には、修復腎移植をすでに認めている世界の潮流があるからだろう。

それでも移植学会は、今日に至るまでがんの持ち込みについて見解を表明していない。そればかりか、生体移植が九割、死体からの移植が一割という極めてゆがんだ移植状況を放置している。

こうした状況の中で患者は生きるために仕方なく、中国に渡り、移植手術を受けているのだ。

二〇一八年九月、「修復腎移植を考える超党派の会」の報告会が開かれた。移植学会からは江川裕人理事長も出席した。

中国で移植を受けた患者が診察を受けに来た場合、「警察に通報しても構わないか、了解を取った上で診察するようにしている」と明言した。

江川理事長はその根拠として臓器移植法を上げた。同法律によって確かに臓器売買は禁止されている。

「臓器売買の禁止、罰則　臓器提供の対価として財産上の利益を与えたり要求してはならない。違反者は五年以下の懲役または五百万円以下の罰金に処する」

確かに渡航移植のレシピエントは多額の金を移植斡旋組織に支払い、中国で移植を受けている。死刑囚、あるいは法輪功関係者から摘出された臓器が日本人の移植に用いられていると、世界的な批判にさらされている。死刑囚の家族に臓器提供の謝礼がその金の中から支払われていると見られている。

しかし、移植を受けたのは中国であり、日本の国内法がそのまま適用になるのか、そうしたことが検討されている様子はない。

中国は対外的には外国人への移植を禁止していると表明している。しかし、現実的には外国人への移植手術はさかんに行われている。

会議が終わり、会場となった参議院議員会館を出たところで、江川理事長に再度質してみた。

「国際移植学会で日本に対する厳しい意見が出されている。中国に行かせないようにするためにそうしている」

多くの犠牲を払って中国で移植を受けて帰国したレシピエントに対して、帰国後のケアに不安や恐怖感を与えたからといって、渡航移植は止むものではない。実際、今も中国への渡航移植は継続している。

中国に行かなくてもすむように死体からの臓器提供を増やすこともしないで、中国で移植を受けた患者に対して「警察に通報」するなどという対応が人道上許されていいものだろうか。

レシピエントは中国で合法的に移植を受けていると認識している。医師に捜査権があるわけでもなく、中国で移植を受けたと知った段階で、警察に通報するという患者への対応が果たして人権上問題ないと言えるのか。

実際、中国で移植を受けた患者が、「診療を拒否された」と浜松の病院を告発し、裁判になっている。

多額の金を支払ってでも中国に行くのは、日本では移植のチャンスはなく、中国に行くしか助かる道がないからだ。渡航移植を止めるのであれば、死体からの臓器提供をとにかく増やすことだ。修復腎による移植を少しでも増やして、慢性腎不全の患者を一人でも多く救っていくことだ。

臓器移植法が成立してから二十年が経過した。死体からの臓器提供が増える気配はない。今の臓器移植ネットワークのシステムでは、臓器提供は増えないだろう。

臓器移植はどうあるべきなのか、もう一度患者、移植医、移植コーディネーターは再考すべき時に来ているのではないだろうか。

宇和島市立病院名誉院長の近藤俊文は『日本の腎臓病患者に夜明けを』の中で記している。

「中四国地方で自然発生的にうまれていた、移植医たちの、その所属病院の、小さなネットワークの泡々は、権威と形骸だけの大きなネットワークの波に、次第にのみこまれて消えていくのであった。小さなネットワークの若い移植医たちは、多忙な臨床の合間をぬって靴底をへらしながら、もちろん自前で、脳死教育、献体宣伝活動をやっていた。彼らの意欲あふれる情熱に水を差したのが東京で官僚的に運営されるネットワークに一極集中的に臓器を集めるという、トップダウンの強権的システムであった。目の前で苦しんでいる患者を救うことはもう絶望的だ、と地方の移植医は暗澹となった。」

臓器移植法成立前夜、「10　愛知方式」で記したように、同じ状況が移植に情熱を傾ける医師がいた地域では起きていたのだろう。臓器移植ネットワークの成立によって、各地域に設立された腎バンクを素通りして、臓器移植ネットワークに集められた臓器は、「公正、公平」の名のもとに、移植希望登録してある患者の中から最も適合性の高いレシピエントに移植された。「愛知方式」は、提供のあった病院に一腎、もう一つの腎臓を地域内の移植病院で、移植するというもので、提供臓器の「地産地消」方式だった。泌尿器科医は患者と接する機会が多く、当然患者との関係も密になる。患者を救いたいという思いは強くなるのが自然だ。

脳外科医、救命救急医を説得して回ったのも、移植によって患者を救いたいという強い思いからだった。

「愛知方式」による移植臓器の確保であれば、いずれ自分が担当する患者にも、高い確率で移植のチャンスが巡ってくるということにつながり、脳外科医、救命救急医の説得の大きなモチベーションになっていた。

後にポイント制が導入され、臓器提供された県のレシピエントに提供される確率は高くなったものの、大島らが進めた「愛知方式」は元には戻らなかった。

臓器を確保し、提供数を増やすためには、移植医が脳外科医、救命救急医に働きかけることがその第一歩になる。そこにはドナーとドナーの家族がいる。説得から提供までには様々なプロセスが必要であり、ドナー家族へのケアも当然求められる。移植コーディネーターの存在は不可欠だ。そこに関係する病院、医師、コーディネーターにボランティアを強いるのではなく、経済的なインセンティブを国が与え、提供への説得、確保、摘出、移植までのシステムの再構築が必要ではないだろうか。

提供臓器の「地産地消」と書いたが、たとえ一時期、移植に地域格差が生じたとしても、地域ブロックでの臓器の確保と提供に移植システムを組み直し、確立していくことが、この国の移植システムの再構築につながっていくように、私には感じられる。

生体腎移植が主流で、死体からの臓器提供は増えない。その一方で透析患者は年間八千人から一万人の規模で増大している。前述の近藤俊文は、現状を「透析王国」と書いている。透析患者を確保するために、送迎用の交通の便宜を図る透析専門病院も少なくない。こうしてまで透析患者を取り込もうとする医療体制が果たして健全といえるのか。

「修復腎移植を考える超党派の会」の成果報告で、江川理事長は修復腎移植先進医療承認に対する見解も表明している。

先進医療の認可には「ドナーに対しての適格性判断のみならずレシピエントに選定にも、客観性と公平性を保つため、関係学会が推薦する外部委員が参加する」という条件が付けられている。

これに対して「腎移植関連五学会は、がん、倫理、移植の各分野の専門家四名を推薦いたしました」とし、「関連五学会は、修復腎移植がサイエンスとして正しく遂行されるように、アカデミアとしての責務を果たす」と述べた。

実際今後はこうしたプロセスを経ながら修復腎移植を進めていかなければならないのだろう。しかし、小径腎がんは部分切除が標準治療、移植に使える腎臓なら自家腎移植にすべきだと主張してきた移植学会の実態は、患者たちが起こした訴訟によって、その主張とはあまりにもかけ離れていた事実が暴露された。

オーストラリアのデヴィッド・ニコルは、修復腎移植問題が起きる二年前、二〇〇四年には全米泌尿器学会で修復腎移植について発表している。これには日本からも多くの泌尿器科医が出席し、「ハイライト集」も発行され、「移植希望の透析患者が家族にいるT1腎がん患者では今後ドナーのオプションになるかもしれない」と堀江重郎（当時帝京大学医学部泌尿器科）のコメントとともに紹介されている。

大島伸一はデヴィッド・ニコル論文を知らなかったと認め、下から報告が上がってきたという記憶もないと語った。ところが移植学会の広報を担当していた吉田克法（奈良県立医科大学）は法廷の証言台に立ち、論文を取り寄せ、すぐに検討したと述べた。当時の副理事長が知らないところで、注目すべき新たな試みに検討が加えられるなどということがありうるのだろうか。

そして、何より疑問に感じるのは、がんが持ち込まれると強硬に主張していたが、現段階でのがんの持ち込みについて、移植学会はいまだに見解を発表していない。

こうした移植学会に果たして「サイエンス」が期待できるのだろうか。

移植学会の前理事長の高原史郎は、大阪大学の寄付講座教授で、二〇一〇年から五年間、ノバルティスファーマから一億二千五百万円、アステラス製薬から七千五百万円を得て「先端移植基盤医療学」講座を開設している。個人の学者がこうした寄付金によって研究を推進するのは自由だが、公正、中立を厳しく求められる移植学会理事長に就任することに道義的、倫理的な問題はないのだろうか。

両社は免疫抑制剤のメーカーであり、利益相反を生むような状況が果たしてないと言えるのか。ノバルティスファーマは降圧剤のデータ改ざんをめぐって大きな社会問題を起こしている会社でもある。

修復腎移植に反対してきた五学会の一つ、臨床腎移植学会の吉村了勇・前理事長（京都府立

平成21年 9月9日

大阪大学総長　　殿

住　所 〒103-8411 東京都中央区日本橋本町2丁目3番11号

アステラス製薬株式会社

氏　名　営業本部学術情報部長

小嶋　孝 [redacted]

奨学寄附金寄附申込書

下記のとおり寄附します。

記

1．寄附金額　：　金７５,０００,０００円（５年間総額）

2．寄附の目的　：「先端移植基盤医療学」寄附講座設置期間更新のため

3．寄附の条件　：　なし

4．寄附金の名称：「先端移植基盤医療学」

5．その他

①寄附の方法　：現金で納入（５年間の分割納入）

平成21年12月　１５,０００,０００円

平成22年12月　１５,０００,０００円

平成23年12月　１５,０００,０００円

平成24年12月　１５,０００,０００円

平成25年12月　１５,０００,０００円

②寄附の時期　：各年12月

③設置期間　：平成22年1月1日～平成26年12月31日

平成21年 9月15日

大阪大学総長　殿

住　所　[redacted]4-17-30

氏　名　[redacted]マ株式会社
[redacted]宏幸

奨 学 寄 附 金 寄 附 申 込 書

下記のとおり寄附します。

記

1．寄附金額　：　金　125,000,000円

2．寄附の目的　：　「先端移植基盤医療学」寄附講座設置期間更新のため

3．寄附の条件　：　なし

4．寄附金の名称：　「先端移植基盤医療学」

5．その他
①寄附の方法　：　現金で納入（5年間の分割納入）
平成22年1月　25,000,000円
平成23年1月　25,000,000円
平成24年1月　25,000,000円
平成25年1月　25,000,000円
平成26年1月　25,000,000円

②寄附の時期　：　各年1月

③設置期間　：　平成22年1月1日～平成26年12月31日

医大病院）は、二〇一五年、実刑が確定していた指定暴力団受刑者の健康状態について収監に耐えられないとする虚偽の回答書を作成し、大阪高検に提出した疑いで、書類送検された。結局、嫌疑不十分で不起訴にはなったものの、移植医療へ大きな不信を招いた。

修復腎移植が社会問題化した当時、吉村は移植学会から派遣され調査にあたった一人で、調査前から、「（修復腎移植は）傷害罪の疑いがある」とまで言い放っていた医師でもある。倫理的問題、社会的な不祥事に誠実に取り組もうともしない移植学会に「アカデミア」を名乗る資格があるのだろうか。

修復腎移植は先進医療として認可され、一歩前進したが、これから先さらに超えていかなければならない障壁が立ちふさがるようにも思える。今後も修復腎移植の動向を取材し続けていくつもりだ。

修復腎移植を不合理な理由でつぶそうとしたり、海外渡航移植を止めるために、中国で移植を受けてきたレシピエントに「警察に通報」すると「恫喝」を加えたりするような行為が、この国の悲惨な移植状況を変えるとはとても思えない。この国の移植医療は大きくゆがみ、そして今もそのゆがみを修正できずにいる。

初出

1〜12「医薬経済」（二〇一七年七月一日号〜十二月十五日号連載）
13「医薬経済」（二〇一五年五月一日号）
14「月刊潮」（二〇一八年四月号）
15〜17「月刊潮」（二〇一八年十月号〜十二月号連載）

参考資料

難波紘二発行メールマガジン『鹿鳴荘便り』
近藤俊文『日本の腎臓病患者に夜明けを　透析ガラパゴス島からの脱出』創風社出版（二〇一五年）
大島伸一『医療は不確実　ホンネで語る医論・異論』じほう（二〇〇二年）
大島伸一『医者のへそ　患者のつむじ』日本医療企画（一九九八年）
鈴木敦秋『大学病院にメス！——密着一〇〇〇日、医療事故報道の現場から』講談社（二〇〇三年）

【著者略歴】

高橋幸春（たかはし・ゆきはる）

1975年、早稲田大学卒業後、ブラジルへ移住。日系邦字紙パウリスタ新聞（現ニッケイ新聞）勤務を経て、1978年帰国。以後、フリーライター。高橋幸春名でノンフィクションを執筆。1991年に『蒼氓の大地』（講談社）で第13回講談社ノンフィクション賞受賞。

『悔恨の島ミンダナオ』（講談社）、『絶望の移民史』（毎日新聞社）、『日系人の歴史を知ろう』（岩波書店）など。2000年に初の小説『天皇の船』（文藝春秋）を麻野涼のペンネームで上梓。以後、麻野涼名で『国籍不明（上・下）』（講談社）、『闇の墓碑銘』（徳間書店）、『満州「被差別部落」移民』（彩流社）などを上梓。

2013年2月刊の『死の臓器』（文芸社文庫）は高橋幸春名の『透析患者を救う！修復腎移植』（彩流社）と同テーマの小説版。2018年11月には臓器売買をテーマにした小説『叫ぶ臓器』（文芸社文庫）を上梓。

日本の腎移植はどう変わったか

60年代から修復腎移植再開まで

2019年 3月20日 初版第1刷発行

■著者　高橋幸春
■発行者　塚田敬幸
■発行所　えにし書房株式会社
〒102-0074 東京都千代田区九段南2-2-7 北の丸ビル3F
TEL 03-6261-4369　FAX 03-6261-4379
ウェブサイト　http://www.enishishobo.co.jp
E-mail　info@enishishobo.co.jp

■印刷／製本　モリモト印刷株式会社
■組版・装幀　板垣由佳

 ISBN978-4-908073-64-9 C0036